The Utopian Yawp of Hope

The Utopian Yawp of Hope

Of Love, Family, God, and Hope

❧

DAVID CAICEDO SARRALDE

RESOURCE *Publications* · Eugene, Oregon

THE UTOPIAN YAWP OF HOPE
Of Love, Family, God, and Hope

Copyright © 2024 David Caicedo Sarralde. All rights reserved. Except for brief quotations in critical publications or reviews, no part of this book may be reproduced in any manner without prior written permission from the publisher. Write: Permissions, Wipf and Stock Publishers, 199 W. 8th Ave., Suite 3, Eugene, OR 97401.

Resource Publications
An Imprint of Wipf and Stock Publishers
199 W. 8th Ave., Suite 3
Eugene, OR 97401

www.wipfandstock.com

PAPERBACK ISBN: 979-8-3852-2339-8
HARDCOVER ISBN: 979-8-3852-2340-4
EBOOK ISBN: 979-8-3852-2341-1

To God, the Virgin, Servio, Ana, Nicolás, Michina
and my dearest friends

Epigraph:
"Life has no opposite. The opposite of death is birth. Life is eternal."
—Eckhart Tolle, A New Earth: Awakening to Your Life's Purpose

"(…) If you can talk with crowds and keep your virtue,
Or walk with Kings—nor lose the common touch,
If neither foes nor loving friends can hurt you,
If all men count with you, but none too much;
If you can fill the unforgiving minute
With sixty seconds' worth of distance run,
Yours is the Earth and everything that's in it,
And—which is more—you'll be a Man, my son"
—Rudyard Kipling: If

"It doesn't interest me what you do for a living. I want to know what you ache for and if you dare to dream of meeting your heart's longing.
It doesn't interest me how old you are. I want to know if you will risk looking like a fool for love, for your dream, for the adventure of being alive.
I want to know if you can live with failure, yours and mine, and still stand at the edge of the lake and shout to the silver of the full moon, 'Yes.'
I want to know if you can get up after the night of grief and despair, weary and bruised to the bone and do what needs to be done to feed the children.
It doesn't interest me who you know or how you came to be here.I want to know if you will stand in the centre of the fire with me and not shrink back.
It doesn't interest me where or what or with whom you have studied.I want to know what sustains you from the inside when all else falls away.
I want to know if you can be alone with yourself and if you truly like the company you keep in the empty moments."
—Oriah Mountain Dreamer: The invitation

Contents

Preface

Falling in Love

The first one 3

Her hair 5

Her skin 6

About all of them classes 9

Our meetings during, again, them classes… 13

One dreamy German night 15

Last night in Hamburg with her 17

On a lonely Friday night 18

Fast and light – Rápido y ligero 20

The Yoyo and the Schatz 21

Say them three words… 23

A penetrating wind 24

Another night of loving them words 25

On a quiet and uneasy Gießen night 28

Second poem for her 29

A recording of her voice 31

My princess 33

A lonely Vienna night 34

Stagnation within a lonely Vienna night 35

Contents

A summer Tuesday at 3 a.m. in Vienna's 18th district 36
This is it, just write one word and that's all 37
A scent of a woman in Vienna's office 41
Honorata 42
A night of longing and hope inside of Vienna's office 45
When I caress your hair - mainly Spanish 46
I get lost in the game, again – mainly Spanish 48
Storm of thought - Spanish 50
Of Longing - Spanish 51
Of Longing II - Spanish 54
Of Longing III - Spanish 55
Of Longing IV - Spanish 57
Helsinki has a Russian scent - Spanish 58
Elisa - Spanish 59
Her eyes - Spanish 60
Is loving you a part of my faith? - Spanish 62
A mix of her - Spanish 64
The red siren - Spanish 65
Second poem to the Viennese forest - Spanish 66
Four months of love at first sight in Vienna - Spanish 67

The love of Family and friends

Now we are free, my friends 71
Grindelallee 76 73
For Dominika 75
Familia - Spanish 78
Home from Mallorca to Gießen - Spanish 83
A dream of friendship and responsibility – Mostly Spanish 85
Overflowing of optimism - Spanish 88
Family, happiness and benignity - Spanish 90
Uzbekistan - Spanish 91

CONTENTS

With my brother, by his side - Spanish 93
A Spanish friend in Helsinki - Spanish 94

The love of God and the Virgin

This is our fight 97
The mission 99
My virgin, let me serve 100
This is our battle cry 101
God's needed in Vienna, please! 103
Before I leave Vienna and the PhD 104
Of his forgiveness, his healing and love – Spanish and English mix 105
Guide me, Virgin Mary, guide me towards my life - Spanish 112
Ecstasy of God and Love - Spanish 114
The triumph of redemption - Spanish 120
God, I love you - Spanish 121
Virgin Mary, guide me when I deviate - Spanish 123
Virgin Mary, you are my battle banner Spanish 124
Virgin, lead us to pray - Spanish 127
My virgin! So that they may say he did live! - Spanish 129
Servants of the Virgin - Spanish 130
The arrival to Eden - Spanish 133
To our Brothers and Sisters - Spanish 135
She is also here - Spanish 137
We dream for you, our Lord - Spanish 139
Today is a new day - Spanish 141
Oh lord, we fight, we learn, we try - Spanish 142
Praying in time - Spanish 144
I find you, my Lord - Spanish 145
The legion - Spanish 146
To you, I write, one more time - Spanish 147
Finland 93HI01 151
I choose to serve God - Spanish 153

CONTENTS

Hope
    Marching song 161
    We all sing as one Earth 162
    For my brothers and sisters of Earth 164
    Rambling thoughts inside of a Hamburg dorm 166
    Gotta remember this moment of water 167
    A joyful week and it's ours 168
    For hope and all its core 170
    About them screens 172
    We gotta be better than this 174
    An animating presence within 176
    Studying a PhD in August's Vienna 177
    Revolution - Spanish 179
    Don't get lost, Little birds - Spanish 181
    Stubborn hope - Spanish 183
    Short poem to life - Spanish 187
    Lumi, Snow - Spanish 188
    7 months in Helsinki - Spanish 189
    Triumph - Spanish 190
    First poem to the Viennese forest - Spanish 191
    God, give me some guidance, please - Spanish 192
    It's Friday night in Vienna and there's no one to go out with - Spanish 193
    Four months studying a PhD in Vienna, and now it's October - Spanish 196
    An untouchable lightness appears through the window - Spanish 199

Preface

THE FOLLOWING POETRY COLLECTION involves a compilation of poems about four main topics, of which the main catalyzer is love and hope. None have been previously published, although orally shared amongst friends and family. They mainly speak about the ways in which Family, Friends, God and the experience of Falling in Love have forged my thankfulness for the experiences of studying in Germany, Finland and Austria, as a foreign student from Colombia.

After having studied and worked in Australia, Canada, Finland, Germany, Austria and England, my mother tongue became permanently intertwined with English. So much so, that I view it as another mother tongue which has given the wonderful opportunity to express a wider scope of feelings and emotions. For this reason, I treasure the six languages I speak as an opportunity to rejoice in the wonderful multiple perspectives to view the love that is permanently offered to us by life.

The poems are mixed in English and Spanish, for which bilingual young adults could find a delightful taste in it. My personal influences coming from Pablo Neruda's romantic poems, or Reiner Maria Rilke, Jimmy Santiago Baca, Gastón Baquero or Uncle Walt's majestically hopeful perspective on life have also inspired me to write this book, which I understand as a way to connect with the hearts of people that still believe in the unexplainable beauty of life given by God, including *falling in love*, or even the faith in *love at first sight*.

Preface

I am an economist and political scientist, who has mostly published academic and popular publication articles in magazines and peer reviewed journals. This would be my first published poetry book, which I felt almost compelled to write by heart in order to channel some inspiration to live and love better, and to remain hopeful about the most beautiful things that life continues to offer us. Although being read by many is an ideal ambition, if its publication could contribute to inviting a person to start relentlessly and mercilessly chasing their own passions, dreams, and deep emotions, I would consider myself more than served.

Falling in Love

The first one

How can I write you words if a silence now screams louder?
Are words meaningless, without actions on their shoulder?
When did we lose the soul of our own voice and light?
Are we ever gonna try to recover them back and fight?

Yes, we find a way to say no to the past and the future,
We choose to stay here, we no longer need to endure,
If there is only truth, we may keep this ethereal,
As the unfulfilled dream has finally become real.

Your beauty is beyond measure,
As it is out of this universum,
Your cheeks under pressure,
Draw an eternal smile of pleasure.

Your soul, so truthful and courageous,
Your spirit, so vibrant and magnetic,
Your voice, daring and tenacious,
 Always Trembling, yet always appeasing.

Your lighthearted skin, a glooming lake of silk,
Your overarching body, a flag of hope and glory,
Dissolving all sorrows and dusky shadows,
Transforming them into songs and colorful vows.

When you speak loud and sound,
Your heart shines without rebound,
Kindness comes out of your mouth,
The world peacefully rests in the now.

Never let anyone question your name,
As it holds the secret of life and fate.
Thanks to you, we will never forget,
How both are the same, love and Kate.

Never let anyone discourage you,
Not the others, not even yourself,
For your value is beyond wealth,
And your inner light harbors life itself.

You possess an everlasting flame,
Allow it to spread and propagate,
You will be surprised, it will liberate,
As I tasted it, and it is a lovely gate.

You have the power of freedom and wisdom,
Yes, you can free others from a fear prison,
I want you to see yourself, how I see you,
A woman of light, of love and of vigor.

A unique orchid you are, Rise a sparkling star,
You are a fighter, you beautiful maternal guitar,
Play, nobody stands a chance, here comes Kate,
The one who tasted eternal life and did not wait.

Her hair

Just one smell and I'm sent to the valley of all heirs,
I just close my eyes, and it's enough to get her scent
Oh, to see it, would be one good gift to feel all of her cares,
Oh, to smell it, subsequent detonation of all my prayers,
Coz it would be too much! Like building a stair that is all too well
A dauntless but effortless climb to get to the top of the well
Out of this bricked rigged hole, built of them stones, of wall and of its lawn,
But when we get up here, these golden trees are no longer our own

Since dark, sadly treasured times that we decided to cut them all,
We summoned their eels, they were scarce, but thieves of life well atoned
They served their purpose, coz now my brothers, we know what we have done,
It's time to feel pain, redeeming sorrow, the flag of ache and frost,
Our soothing privileged, my captains, we can't afford to be lost
It's time to stop, rinse the poles, haul down home, let's get out this whole,
And there's only one way there, thank God for his temper, it is so straight
For forgiveness, redemption and bold, Lord! We have to fall in love

Not just with one, but with all of its golden whole and sacred roll
With Clemency fraught by Flashing breezes and scintillating lilies,
To see it, to smell it, a far-fetched fantasy that we want brought,
But to feel it, to grasp its feelings? Oh, dear Lord! With that we're all home!
To tangle gentle with its channels, Tango with five fingers, bold
Zig-zag or straight its hoard, one touch, we're part of the whole, purple tone
Allow me one stroke, for heroes and heirs, my twenty-eight years, theirs
I'd give all of them, titles, breaths, for one last time to touch her hairs.

Her skin

Valley of all greens,
Have us tear their pierce,
Salient and prudent,
Make us your rooters,
Give us now our peace,
A typical place
As your usual grace

One sight and it's done
You conquer the bold,
You make them feel seen,
You reflect their hope,
Such white ain't of here,
Not only of Greece,
This olive's all teal

Gotta be honest,
Don't remember much,
Coz It's been too long,
But it remains rope,
It's tied to the lord,
Awaiting for touch,
One dream to be free

And then it appears,
It's bigger than oak,
Maples are all sown
Lenient Yews smile true,

This couple dancing,
Ready to brew,
Love and all its stork

I like it blazing,
Your neck, white daisy
Kissing gives mercy,
Benign prairie
So I can sow love
Bring it down the road,
Your statue-like door

Couldn't concentrate,
You gave me tendered,
I won't study now,
It's all been rendered,
They're facing my own,
Two of them enough,
Nature's never wrong,

Love, we did it good,
Patient, but with truth
Sliding to your vase,
Porcelain of grace,
Ay, but with great care
Contouring your form
Imma jump full storm

I'm ending with ace
My beloved place
Here, I go to theirs,

Finalize your name,
Oh, my Kate, you're free,
Sweet caress for kin,
Oh, my dear, your skin

About all of them classes

If you see me and smile at me,
I feel like the king of every-thing
Where time no longer is,
All I see is you, is this a fling?

When you do not determine me,
Even an occasional bliss,
A cold dagger, piercing through me,
Takes me to an unkind Abyss,

I fall in love at all corners,
As I go across the hallway,
I'm not subject to the harsh sting,
Of luck and all of its bother,

When, dear, do I get to see thee?
Along with your smile all holy?
Aye Cap! That's the one and only
Why d'you greet everyone but me?

I try to forget your light smile,
It seems like as solution, near,
Unexpectedly, unwarily
I'm though awakened by a tear,

Tomorrow is another day,
To renew my hope and my faith,
For freedom and passions derail,
To see you and restart my day

We're now close to Wednesday,
While I've been swinging and doubting,
Though I've still caught myself hoping,
Is your kind triggering my sway?

I have thought about what to say,
Why not break a promise glooming?
Isn't it fitting, assuming…?
It's easier to just subsume, nay?

It seems but it's not that I'm scared,
It's just that I'm trying to be fair,
To you this may just be a game,
To me, matter of life and faith

Even if lasts just one day,
I won't hesitate, for your name,
It's all my moments and their praise,
Hoping to be wise with my lair,

It may be, you no longer blink,
You've processed it and now seem free,
Your shine is stronger, you're all groomed
I've seen our silk, I think I'm doomed

This pajama has got border,
A silhouette of peace, I'm all me,
Your curves, calming daunters, you see?
What kind of a man, would I be?

If I chose to ignore this gift?
If I chose fear, over my feel?
Gotta keep you in, and then dream,
Better Love you, to be free

Wear these trousers for the moment,
To your chest, please hug me closer,
Hug me tight, my love, when I'm cold,
Before I go out of my dorm,

Tell me what to wear, I'm all yours,
With you, my jacket is secure,
Close the zipper delicately,
Gently, godly, our Mary's soul

Your love, soft hands warm, I do long,
Let me lie next to you, my dove,
Virgin Mary says I'm a dog,
I need your caress, keep me bold,

You're royal heiress, kiss me, love,
Place your nights between mine, don't stop,
And your dawns, place them all in front,
Kiss me until there's no more row

Coz they're gone, they are overflow,
Play, hum, do it close to my ear,
Inevitably feels like home,
You reminded of Judith (With Spanish pronunciation)

That was her name, my grandma's art
She commands me from sky, my task,
Because of her, I write poems,
I have to thank her, she's my star

I'll always have you here, Mein Schatz
Interminable source of time
Since your pajama and that night,
You're forever my only Schatz

Our meetings during, again, them classes…

I just keep on walking,
Is it you who's ringing?
Nay, you just keep swinging
Why is it, you won't see me?

Now our eyes cross,
I say hi, you look like you want to cry
You shelter in gloss,
It's always like that, you always say mine

We can't hide this feeling,
Both you and I, we're living
We know, but you keep low
Looking me a stranger, I know

I really don't know why you're avoiding,
Or is it me, the one who's running?
Aye, you ask me, d'you think I don't want this?
Or either? I cry and leave you standing

Am I left lonely? The one and only?
Is it not with you? But then with who?
My friend, it's time to walk another way,
I'll have to pray, it's time, your name I'll cry!

I want to cry and fly to you,
Grab the value-laden maiden,
Pierce through the layers that come true,
Go to the holiest places,

Shed a tear as the water brews,
Don't want this to happen to you,
Coz you're all pure, You're all that's good!
Don't want your shine to stop its light.

I wanna conquer all that's black
Sweep away their contouring stack
Sing loud and full of sacred pride,
Your touch leads the charmer of soul,

Rescues me from demons aside,
Maintains the feeble right on track,
Not possible to get more love,
I have heard the quarreling song,

One that makes the sorrow come off,
The only universal law,
Our despair ought to be looked wrong,
If tears are made of waterfowl,

It was a disguise for our hope,
Oh please dear blue, you just come home,
My Kate, My prairie, my future,
Love will always be there for you!

One dreamy German night

Deslízame tu tiza
Salúdame de prisa
Now you say my name
Once, once again

Look at me direct
Give me one awake
I will not forget
Your beautiful taste

Oh! But I do long
Dreamy legs of dove
Oh! But now you see
I just wanna go

Oh, but I keep hope
That's just for my walk
Just so I get home,
And see you all alone

Is this right, my lulu?
Is this writing true?
How I fall for you?
Your eyes, green or blue?

I heard your name today,
Turns out, you're all and Kate
Then how do I get say?
All I want is a name?

It's simple, ah, my girl
I'll kiss your fairy neck
And hug you in my chest,
I'll caress beauty face

I'll picture it away
An atrium that's all gray
When you are just not there
I'll wait another day

To see you once again,
Just trembling I will say
You're my Schatz beauty, hey!
Yes, but not just that, nay!

Just please listen, okay?
My Russian Queen and friend,
My vision that says yes
I love you with full flesh

I love you with full heart,
I long to see your shine,
I long to hear your smile,
I long to give my heart,

And my breath and my life,
To you, my gorgeous swan,
Your barrier is all down
Our hearts are now just one.

Last night in Hamburg with her

The feeling was unknown
For the first time I recalled,
I stopped questioning the wrong.
I simply did it. I caressed and went on

She was holding to my arm,
I just used my other hand.
She looked at me and smiled,
I got nervous, couldn't grab.

She looked so surprised, that I tried to react.
Now I got no choice, I need to search for her hand
And I found it, And I held it, with the whole of my grab.
Our hands interlocked, this is no longer our walk.

At some point she let go, she let go from all my chalk,
She then joined them in their talk, without asking or being low
We kept on with our walk, and in no time, we arrived North
We ate and then we spoke, my name she even called

It's late, I say bye, for my Papa's texting mine.
Goodbye dear love, yes tomorrow we will fly
But oh what a surprise, when I texted you in disguise
All the letters and their tries, now an echo of them flies.

On a lonely Friday night

Dear Kate, have you got any idea?
How many times, oh I have dreamt and longed?
For the day I again get to see ya?
Do you know how much I have fought and longed?

It's crazy to think it has been two years
Always knowing a ring in your walking,
I still wonder, have you too drowned in tears?
For what seemed thunder, is now possible?

Yes, we know, it's maturity and all
We have to let go, and try to move on
I though still and King, want to be your friend
Not one day goes by, my dear Katy friend

Oh, I have denied it, so many times
Heart's partying but not running out of rhymes
Call me a sinner, I see God nearest
I think of you, then I'm with my dearest

Oh how much I'd long, to have you in my arms
Oh how much I'd give, to caress all your eyes
To tell you without sin, I love you, my dear
If not in this life, I'm sure we'll have our time

Coz of this, I can't keep myself from dreaming
Coz I know that one day, I will get to feel
That's when I see you, while and without dreaming
I'll get to tell you exactly how I feel

I get to tell you how I have always felt
I have understood and accepted my Fate,
There is though absolutely no other way,
You should know that my friend, yes, you're awake!

Fast and light – Rápido y ligero

Forgive me please, oh if I stare
I cannot contain but observe.
Forgive me please, if I dare touch,
My soul is at awe, and now I have won

I wanna lose all my rythms in you,
I want you holding them close and strong,
I wish you could see what I see in you,
I wish you could break it, with your heart and tongue

Cada día que te veo, eres una nueva persona
Te encuentro, me presento y sigo con mi lienzo
Me devuelvo, me duermo, pero sueño con un comienzo
Me acuesto en tus brazos, ellos me dan un nuevo comienzo

Sé que un día mirarás de nuevo hacia la luz,
Verás que emana de tu propia y adorada cruz,
Cuando te mires al espejo, sientas su reflejo
Es Cósima, guerrera con ternura de Conejo

Vuela y nunca pares, pero siente sin romperte
La tierra resplandece, porque ya no más se tuerce.
Ha llegado la que ama y nunca se arrepiente
La que truena con su brillo y protege la corriente.

The Yoyo and the Schatz

La pequeña nuecesita
Que ya no es, disculpita
Para que pueda ser tu risa,
Para verte toda lisa

¿Qué dice la tiernesita?
¿Así toda seriesita?
Haciendo todo de prisa,
¿Cómo conservas tu risa?

Pareces así mi gorrión,
Tan rápido que nadie vio
¿Cómo es que nos ocurrió?
¿Ya puedo ver tu corazón?

There's no giving you up, my Kate
Not if summer fills my whole face
I know you'll always be my Kate
Even now in a distant fate

Oh dear, give me just one day
To tell you how I always pray
Allow me to hug you and say:
I feel your hair and all its grace

I fear departure to my place
But I'll pray for you once again
All I long, to see you again
I don't care if you're far as well

Coz all I require instead,
For you, to receive me in faith
Bring down the wall, and all its name
You'll know exactly what to say

Oh, my friend, it's been two years, nay?
But all I require instead,
To have just one moment of faith,
No time, just love, and all its face

Before I depart far, far away
I'd like to see your face, once again
Smell you, savor you, hug you, when?
Please say now! My dear Russian friend

Coz just one moment is enough,
As long as it's with you my love,
Mi amor, Schatz, mi corazón
Sé que esto viene de Dios

So please, could you forget the past?
And just lie in the present time?
Shut the mind, so the heart flies fast?
Future and love, are one with time

Please, say, could you forgive our past?
Coz know I know just who I am!
Oh, would you trust me, please my Schatz?
Coz now I know just what I am!

Say them three words…

If you say those three words,
My life's over my Kate,
I submerge, pond of faith,
I see those purple tones

Crying for me, I'm free,
Poured honey through my kness,
Eyes are all about fill,
Into your scales, I see

I am now, all of thee,
It is all over now,
I don't want it to be,
I get to fly through fears,

You've said, so I can be,
I, you, we, it's now leash,
I ascend to the skies,
Break through patterns alike,

We draw the universe,
And I know it's over
You've said three words in verse,
I fly, it's all over

A penetrating wind

I have been in love with you,
I feel the wind, a savoring tool
All I need is word from you
To fly away and still and full

Oh, please me like it's true
I want to taste it, oh yes one day
Blonde hair, made of tender wool
A sweet temper, tough and leading way

I want you to take away
Lead me to the heat of your whole name,
Say it a thousand times, Kate
I won't get tired of hearing its bless

And believe me, please, my test
It's a bless, hard to get here and there
Night cries and says, now and then
We will all get to find this and pray

And say thanks! And cry with faith
Life is still at stake, eyes tell the way,
I am in love, no turning away
I want to give you the world, my Kate!

Another night of loving them words

If you said it to me,
Straight and without fear,
I would require it no more
I would long for it no more

If you said it to me,
My whole life would stop
Time, no longer a hefty clock
Only if I heard it from you,

I don't know what I'd do
Have I found the truth?
God and all of the loving tune?
Though I know what I wouldn't do

I'd grab your pale, kind hand
Take you to a distant land,
Where sun and leaves, forever shine
All warm and nice, ready to fly

Oh, dear Kate, if I finally heard it from you,
I know I wouldn't think anymore about you,
I'd be caught in the permanent dream of the sea,
Where time no longer is, no longer means a thing

If you finally said it to me,
Life and all, would surely be over,
Wouldn't you go ahead and agree?
There's not I or you, just October

Now are you sure my love?
Should we end this and go home?
I think I already know
Should we now hang up the phone?

How many nights have I not longed,
For you to say it all and tongue,
Tears of you, for you there's just more,
God knows my heart always belonged

To you and only you, dear love
This won't change, Carlo is our saint
Oh dear Kate, the last time I'll say
Sandra knows, you're my only love

You know I can't say this no more,
I always hope, but long no more,
For if I long, we both go home,
That will be all, time is no more,

I don't want to end this, my love,
So you know, I will always hope,
But I will think of you no more,
So now we're free to keep this love

If I promise "Si!" you will see,
We'll get to fly into the sea,
Remain there without need to breath,
Our free will, our more precious thing

Because of this, we do love free,
We can see him in every tree,
We get to see her and her Schwer,
There's no other way to go there

I could say that from now I'll wait,
But love does not need that, my Kate,
It's all written there, thank God, nay?
Just know that it will be one day

Don't say it, coz Virgin Mary
On us, has always been wary,
Such an Ally! Dear, be certain!
As my mother, you're my Virgin

This is the last time that I'll write
This is the last time I'll say Kate
Coz Virgin Mary says my fate
No longer need to say your name!

If only one day…you said it… Kate

On a quiet and uneasy Gießen night

And even now, really late in the dark
I write you, as if you were here and now
As I hold your hand, I battle the dark,
I wish you knew how, I love you somehow

Just come and see that our plane flies away,
These vast sands are suddenly stored again,
All that remains is an English patient,
It is now our duty to be sentient

No cringe, I know I'm not the only one,
Who has indeed loved a woman so much,
Who has indeed chosen to remind himself,
This and every other night of its sway,

Cry teal, how much in love he was with her
Turn real, how much he wouldn't give for her,
Stop near, how much wind still howls over her,
Stay clear, how much her is eternal rare,

A tu lado, otra vez sonreír,
Darlo todo, solo por ver,
Universo quiero coincidir
Ya, decímelo ya, mi Kate

Second poem for her

I dreamt with you, once again
The world felt light, once again
You appeared in the gray background,
but did not make a sound

Make me fly, make me cry
Make me live, fill me with tears,
Tear my soul, rip off my throat
Tell me I love you, you're my whole

Make me smile, make my eyes ache
Crash my heart, make my head pray
Make my eros awake,
Don't let it turn today

Oh, reflect my face,
Hold on with respect
Look at me with play
Don't let me sink in fate
I love you, my Kate
Hear me, oh, I'll wait

I noticed you from the crowd,
I knew you were there, all too proud
I looked for you, and oh I did find you,
Though you didn't see, I did warn you

I tried to keep walking, oh it was hurting,
Then we crossed eyes, greeted but did nothing,
Hi, I said, you looked like you wanted to cry,
You were with your friend, kept looking at her

You spoke low, ah yes, that I know,
You felt it too, I felt it too,
You looked me like a stranger, someone you didn't know
You barely spoke woo, seemingly avoiding my blue

You cried and left, I didn't feel lonely but theft,
You weren't there, I cried but tried a smile
Although you said: I Don't want to see you again,
I remembered you too said: Do you think I don't want this, then?

A recording of her voice

Hard to tell if it was your core
Or your lips, or the way they call
Hard to tell where all this comes from,
But there's one thing we can be sure,
The way they're ringing, it's appeasing,
Your vocal cords, melodies of hope
Get me shaking, now I'm praying

None of us wants this gone,
There's no mongrel, like tales of love
Intelligent, faster than all,
That's why it can't be a pure breed,
Otherwise, it will cease to be,
We need one loyal, to be free

Only dogs that live in the street,
Can prospect what it takes to feel,
Love hides in one of the corners,
Waiting for the one and only,
Cautious, and ready to warn her,
We're no longer lonely

As the street is now our homely,
For the way we fell, true, and real,
Knows what it needs, we're all half breeds
We don't beg, we just go and get
To our owner we always pray,
Our freedom we never forget,

Oh, how I pray for her,
The days I used to be astray,
She's now my cheerfulness herself,
I talk to God, thank him for stay,
Thank him for bringing me my Kate,
Half breed I say, Love, what she says…

Could I stop me from loving her?
Would it be selfish to ask? Ney?
You seem to be taken! Damn it!
Should I write you? Tell what's rightful?
Could this be more than wonderful?
If I had met you without name?

There's no way this can be unmade,
We're too deep, it's been forged by pain,
By suffering, and by faith-way
It's our seed, send it to the hill
You can't move it, it's been lain
It's all good, this bond is now sane!

My princess

I search in every corner,
None seems to be like my mother,
When will I meet this woman,
That gets to see my whole soulman

I hang on to my quest,
I believe you're still there,
In each eye that I cross,
I try to find my hope

My Virgin, show me your love,
I need to give you my life,
My life is yours, take it and go
I'll be happy to know your soul

Oh my Virgin, oh my prairie
Shine on my home, give me a tone
I'll never cease to search you, Mary
You're my friend, the one I will marry

A lonely Vienna night

To have a woman tell me: I love you,
To have a woman wrap me in her arms,
To have her lend me her chest and her shines,
To have her mumble in my ears, just truth

To hear it loud and strepitous a tear,
Because she tells me: "Oh, I want you near",
To look at her and feel finally here,
To be present with her, I'm living free

To have her heart, fill it with tender light
To write her poems, all days of my life
Continue loving her till end of time,
To hug her bright, tell the world she's my sky

To have her keep mi heart, not too afar,
To pour all my veins and tears when I pray,
To unload all my prayers on her, I lay
To feel plentiful, I smile in her car

To have her tell me: "I love you, my dear"
To tell her back, in tears: "I'm yours, all clear"
To let her me my guide through fears and tears,
So I can savor the joy of the seas

To lose myself in her, without a place,
With you there's no place, you're my uni-verse
And verses I'll write, you're my timeless wife
I love you Mein Schatz, with you I'm alive

Stagnation within a lonely Vienna night

Even in this pain and its stagnation,
Full of shades in stomach, condensation
A flavor of filth, in my mouth all still
Cramps are crawling my eyes, arching my back
As it were a parasite's only crime
Even then, I still have space for your style

After all them noises, reasons and past,
And all of those big changes in our lives,
Don't want to think of them no more, just God
Only in him, my thoughts won't drift too bad
And I reach him by thinking about you,
Gotta move on, but first accept this truth

How is it I keep thinking and dreaming?
The answer has never been much clearer
In the midst of cramps, I start to shiver
I rush to hospital, I don't listen
I ignore the meaning of all these signs,
It's not just my body, my soul's aback

I embrace the pain, take a humble gaze
I try to remember where is my place,
A hard start to face, but still worth a try
Then I remember why it is I fight
I shed a thousand tears, my usual lake
I hope I'll find myself another Kate

A summer Tuesday at 3 a.m. in Vienna's 18th district

In the middle of this hot night,
I gotta write, is it alright?
D'you think about me all the time?
Coz I, dear, can no longer lie
For all love's sake I gotta ask,
Is everything in your life, fine?

I'm writing you out of the blue,
I still think of you, that is true,
That's why I write, I gotta try.
Dagger blossoming in my heart,
Well beyond despair, but it's fine
I still remember what it's like

How loving once, means a thousand times
I accept that it may not last,
But I'm still taking this too harsh.
God's by side, it's ok to cry
And reach the stars, take only one
To choose and suffer many times

To make my reason, my vigor
I can escape my own prison,
Forget all coldness and disdain,
Forget but no ditching the pain,
Hoping one day you'll take the step,
Coz I'm there, forever my Kate.

This is it, just write one word and that's all

My throat is torn, iron inside
I don't manage to get it out,
So, surprise! I've started to write
Don't' get scared, if I write this loud,
Coz this time I ain't reaching out,
No writing, no small talk, no prying.
As in the beginning, eyes crying,
And with a poem, just trying…

I am no longer pretending,
When I messaged you on LinkedIn,
It's coz I saw you checked on me,
Since long time, every message I've sent
Was for me an undesired test.
A test to pretend that I don't care,
That for an answer I must wait.
So I can't just text, need to express

How is it you're still in my mind?
Your looks I've almost forgotten
Your blonde, I no longer know it
Four years have passed, Instagram time
Going there, I find nothing I like
I can't imagine how you are
That's exactly what I don't like
So I turn and go to WhatsApp

And I go to your display pic,
A shocking chord, oh lord, I see…
Perhaps I better take a nap,
I don't want this darkness to start.
I go to the mirror, I peek
Our hair is falling, such a scene,
Are you feeling the same as me?
When you bring your hands to your face?

Is baldness a type of disgrace?
I can't help but feeling distress…
Hair by hair, growing old but free,
AS long as I speak my truth plain,
Entrances or gray, I don't care.
Whenever there's moments of pain,
Real pain, feeling lost all slain
I think of you, where are you, Kate?

I've heard that you've become engaged
Perhaps even married and tamed
So I have to be careful, yeh?
I wouldn't want to ruin your fate.
If you're happy, in the right lane,
This should be quite easy and fair,
I'd just require you to say,
I'm actually asking for your help

Is it possible in all faith?
That you feel exactly the same?
When I'm alone, I can't help pray
That I find you, once again.

As you remain, still to this day,
The only one who keeps me awake.
When everything is going gray,
I imagine that you are there

I have experienced other ways,
Yes they somehow feel all the same,
And I've met many of them.
Problem is, none of them are you,
I feel alone, if I'm not with you.
So, I bring my hands to my hair,
While mirror sees them falling lame,
Is it possible you're feeling the same?

I look in the mirror, yes, nay…
And I look at my balder head,
With your display pic I compare,
Do you also touch your blonde hair?
Could you possible feel the same?
As I touch my black hair and say…
In the midst of night, I pray
I really hope you find your way

I walk around the streets of Wien
Hamburg's as well, I think of thee
And I thought… of you I was free…
Still, every now and then I feel
And ask myself, was it all real?
Would you please be honest with me?
Promise! First and last time that I ask
Are you too thinking about me?

Sorry Kate, I wanna be free,
Like you seem to be free of me.
If you are married to him,
And if you're all happy and content,
It wouldn't be hard for you to help.
Only one word I need to read,
No metaphor, that's all it takes,
To answer yes or nay, write, please!

I write before doubts flood and crawl,
All these years made us grown and bold
Just asking for your help, that's all
For if there was ever love,
And if there still is… I don't know,
Answer is easy, yes or no.
A monosyllabic response
Just so that we can all go home

Please help me get out of this rogue
I wanna hve peace, sink no more.
I keep dreaming that we're grown,
That toxicity is all gone.
I need your help for this to stop,
Do you love me still? Yes or no,
Coz I do, this won't change at all,
One WhatsApp word is enough, that's all!

A scent of a woman in Vienna's office

Now I've gotta write to you
Don't wanna suffer and lose
Take advantage, I'm in a hurry
I need to go and find what is true

I'm rushing to catch the bus,
I do this while I'm happy,
And you're also smiling… thus?
That's why I'm in a hurry

Your name's Carolin I'm told
I haven't met you at all,
Is it possible to fall?
Deeply with heart and soul?

You're quite shy, you barely talk,
Didn't understand your tone,
Yet I still waited your voice,
Just send me a text, why not?

OH, sweet, if you'd only known
How many dreams and what not,
That the woman of my dreams,
Says: Go out with me my boy?

In this city full of creeps,
I get why most fall asleep,
But I don't wanna miss chance,
Wanna go out with me, sweet?

Honorata

I lay facing time, half face looking up,
All I wanna see, your face shining bright
Incandescent eyes, green pasture of calm
For the longest time, I've wanted you bad
Believe it or not, It's taken me a while
To accept thit thing, won't be gone so fast

I'd give all my tries, to have you in my arms
To fill you with hugs, I don't wanna stop,
I don't wanna stop telling you, your part
How precious you are, with all your smiles,
Your gracious body a star, dancing its lines,
Can't keep far from it, it's so nice…

I don't wanna try, I'd feel like a knife,
I can't dare touch, you're too full of nice,
So I think of you, I dream 'bout your eyes
Everything about you seems too times nice,
So I can't help but long, trying to hold on
To the first moment I saw you, my dove

When I first got to see your teeth and smile,
I fell in love, desperate, like a child,
With full open eyes, behold Xe'na shine,
I wanna be with this woman through time,
I'm dumb one perhaps, who forgot his part,
Yet very happy one to give his heart,

Oh not again, David! Do you feel scared?
Her named has announced it, now it's too late,
She's an artist of fate, Oh and with grace!
Her name is Honorsa, for God's sake!
I don't know how long it took me to say:
"She's got my heart, friends, fully, and with trace"
She can do with it, any of her plays.
Knowing that she doesn't want it that way,
Makes me cry all names, ask them: Why on earth?
Why on earth haven't you learned, David?
Why do you keep giving your heart so fast?
Fortunately, I've got an answer to that!

I look at her, and I see all her stars,
Her Dad, allow me to say it out loud,
I see and hope that he's watching all proud,
Of the woman she's managed to become,
Tenacious of hope, her persistent soul!
How could I not fall for such a dove?

So here's my answer, hear me all thunders!
Hear me with pride, she's all that matters!
I can pierce my own heart, be her friend in spite,
I can take that aside, my love stays tight
Coz she'll always have a piece of my heart,
And for that I'm proud, it's for her to have

Tho one pray I would really like to say,
I've been loving her, since day and nite,
If I was to die, I'd say it with might,
Even in aches, my love for her prevails,
But wait, there's still a thing I'd like to say

I wished she was the woman of my faith,
I wished the woman of my dreams was her,
But I accept at least I know her name,
I'm certain I gotta… My moonlight sonata,
I'm now certain I've gotta find her
With your help, my dearest Honorata,

My love for you, is beyond pain of truth,
Bring all of them daggers, for if I see you,
I can take them all, it doesn't matter,
I hope that my next one looks just like you,
Or at least half of you, that's all I'm asking.
That's all I've ever wanted: To Love, you!

A night of longing and hope inside of Vienna's office

"I think that's when I fell for him"
"He opened his eyes and looked at me"
No words, no thoughts, nothing but our souls
"He looked at me with such care to see…"

That's all I wanna hear
When I meet her and see,
When I stop breathing sea,
When salts melts and turns green

I wanna see the mysterious landscapes
All tendered, and gracious valleys
I want them all then I look at her
Oh but I'm sure, the strongest is sun

Her flows, her songs, her thoughts, Oh lord!
I'll undoubtedly get to see them all
When the cascade reaches the shore
The tunnel finishes, I'm finally home

And I get to scream loud, be heard by all
I'm no longer prisoner of the stones,
I've broken them, turned them into sand whole
Now I run on them, to let everyone know

How much I did love her,
How much I loved since that moment of joy,
When both our eyes opened and never closed,
When I fell for her, when I finally saw…

When I caress your hair - mainly Spanish

Oh, that gentle golden pathway,
Please, allow it to loosen and scatter
Oh you, morning star to portray
So bright, so brilliant, so dagger

Pierce through the rocky penitent,
Break again his inconsistent plaint
Only your flaxen, brings me fair
I want to caress it, no more despair.

Aúlla estando plegado, gatito que llora sin calmo
No puedo dejar de llorar cuando te logro divisar,
Me salvas siempre, me consuelas cantando el salmo
No puedo dejar de mirar, amarillo y alegre, te amo

No quiero dejar de acariciarlo, ni de mirarlo,
Cómo no, si es tan liso, tan curvidizo y conciso,
No quiero ver más, que ese rubio penetradizo,
Qué placer verlo, solo se puede soñar con tocarlo

Ya tengo suficiente con solo contemplarlo,
Sigue ahí, cascada que libera aroma de nardo,
Me resbalo y sumerjo en una nieve de balso,
Para navegar y vivir siempre contigo, encanto.

Hipnotizo y me hipnotizo, salto mirando al vacío,
Bionda que me guía, con todos siguiendo al navío,
Vuelve a mi respiro, consiente mi tierno brío,
¿Cómo es que existes, será posible tanto glorío?

Acaricia mi fuente, déjame estar presente,
Si lo siento caliente, tengo que cerrar mi mente,
Así lo guardo dentro, donde ya no existe el lamento,
Lo agarro de a dos ramos, soy viento, libre de pensamiento

I get lost in the game, again – mainly Spanish

Dime hacia donde zarpa mi barco
El calor se asienta en mi brazo,
¿Qué es esto que siento?
Estoy solo y rodeado de todo
De todos, todo, ahí mirándome
Abrazándome y contemplándome

Como sueño perdido,
Recuperado y re-soñado
En medio de dolor, se siente real
¿Dónde estás mona? Sueño dorado,
Te necesito para actuar, tal cual
Te necesito, cae la noche ya,

Mi europea Oriental,
Ucraniana de mi verdad,
Azules ojos de opal,
Cabello rubio de nieve,
El que a incienso huele,
Cúrame, traviesa liebre

¿Dónde es que está mi mona?
¿Es que no ves? ¡Te necesito!
Quiero acostarme contigo,
A un ladito, mientras medito,
Quiero verte, así de ladito,
Amarte, por otro ratico

I'm back in the game, my Kate
Can't stop this, love you my Kate
Gotta finnish this cake
This is the book of my fate

¿Dónde estás mi mona?
Es que te necesito
Quiero irme contigo,
Quiero viajar al Asia,
Cantar fuerte con gracia,
Solo tu verde me sacia

There's something that I know,
Something I'm now sure of,
Come and save me, my love,
It's impossible that…
This doesn't come from God,
Got my mission and all,

I'm back in the game, my Kate
Gotta finnish this tale
Coz this book can only be true
I got my own mission, my fate,
But it's much easier to do…
If I'm doing it next to you

Storm of thought - Spanish

Grito fuerte, aúllo y no doy tregua
Vuelvo a correr, vuelvo a volar, sin lengua,
Estallido, grito de Guerrero perdido
Todo centrado, en tu amor zambullido

Se escucha bien lejos, el cantar del pájaro
La melodía vuelve a sonar bien bajo,
Tan bajo que ahora el cielo nos tiembla,
Y el mar se ha convertido en su manto

No es lo que valgo, Arriba es abajo,
Pero aún nos suena, querido abrazo,
No importa, así estés con quien estés,
¡Ay no más! Es que quiero verte, querida, ¿ves?

Con verte me vasta, Observo continente
Tengo que ser fuerte, Hay viento estridente
Pero la derrota parece inminente,
No daré tregua, no me rendiré inerte…

Of Longing - Spanish

Si hoy fuera la última vez que te escribo,
Gritaría a lluvias que mojen y empujen,
Que penetren hasta que agua y tela junten,
Y que llenen de melancolía el motivo,
Por eso te escribo,
Por eso yo te miro.

Si ya solo existiera nuestra alegría,
Desearía que fuera llena de estornudos,
Todos recuerdos de nuestra casi agonía,
De cuando enfrentamos al mar, todos bien rudos,
Por eso somos duros,
Por eso bailan juntos.

Si viviéramos aún en nuestro palacio Grimm,
Con su rey, mesa de caballeros, y solo ley,
Con sus damiselas y decorados de abril,
Diciendo que la calma evita nuestro mamey.
Es que somos un gran rey,
Pretendiendo ser un buey.

 Si yo pudiera susurrarles a las maticas,
Que varios de nosotros, ignorantes, sabemos,
Que si podemos ayudar, con más que goticas,
Y que por su gran verde, nosotros les debemos.
Es que no lo sabemos,
Todo lo que hacemos.

Si solo existiera un último deseo,
De este loco, que cae en su agujero,
Dicen Uraño, desesperado marinero,
Fuera luchar pa' vencer este fuere meneo.
Pasó la tormenta, reo,
¡Mi capitán! Eso veo.

Si pudiéramos gritarle al amo y señor,
Al que ve, y se ríe, cuando no le vemos bien,
Ese que no duda en mandar algo de dolor,
Tiene que saber, ya no somos ajenos, amén.
Estamos todos también,
No dejamos, somos cien.

Si pudiéramos gritarle a la gran amada,
La que no sabemos, si se sigue llamando Kate (Queit),
Y si la familia no fuera anonadada,
Para recibirnos algo de este cuerpo fiel.
Corazón es de papel,
Es apenas un Recién

Y si pudiéramos decirles que queremos dar,
Que pudiéramos esperar, y siempre encontrar,
Y que ya no le tememos más, para dónde va,
Allá nos conducirá, tres años, aún son más.
¡Daremos la vida ya!
Ya pronto lo sentirás

Y si todo este cuento fuera un gran sueño,
Dígales que nos sigan, ¡Vamos hacia la cima!
Se deslizan mientras van hacia nuestra tiza,
Porque este vuelo no lo para ni su dueño.
Así lo hemos hecho,
Contentos, nuestro lecho

Y solo quedara un último aliento,
Aunque unos dijeran, no seguimos creyendo,
Seguiremos con velo, viento nos va trayendo,
Nunca abandonaremos así nuestro sueño,
Téngalo por seguro,
Pues Dios es nuestro dueño

Of Longing II - Spanish

¿Qué no daría por estar a tu lado?
¿Qué no daría por verte mientras nado?
¿Qué no daría ya por verte sonreír?
¿Cuántas vidas no daría por ser feliz?

¿Cuántos universos arrebataría?
¿Al ver que solo una vez bastaría?
¿Por qué la noche se vuelve intranquila?
¿Aún no veo pecado que oscila?

Of Longing III - Spanish

Que ella me diga te amo,
Sería festín, demasiado,
Pues yo soy jardín de incienso,
Así, todo ensimismado

No puedo más, dime: "Te quiero,"
No aguanto más, ¡Grítalo, Leo!
No quiero ser egoísta ya,
Pero aún no doy con mi ras

Es ahí, Dios ve mi desvío,
Mi mente sufre, voy con frío
¿Por qué escoges lado brío?
¿Confundiste tu propio río?

Mi mente, perpleja, acepta,
Mi corazón, triste, lo cuenta,
No viene de uno de ellos,
No, viene de otros cabellos

Pelos de pecado con canto,
Que he confundido con nardo,
Y Dios, y todos, dicen alto,
Pero yo, obstinado, salto

Salto cuando no debí saltar,
Peco, cuando podría pecar,
Y aun así me rehúso,
Solo digo que soy abstruso

¡Ay, David! Pronto será suelo,
Pa' que aterrices tu duelo,
Y pagues, eso sí, tu sueño,
No viste… era un señuelo

¡Ay, David! Pecado lo pagas,
Tranquilo, pues todo, con caras
Anda, ve, sé nuestro Guerrero
Convéncete, sos heredero

No te derrotes y estalla,
Vibra y dile que la amas,
Así cambies-y-todo se vaya,
Constrúyele puente de agua

Y grítale, ¡Por siempre, mi Kate!
Convéncete que eres de fe
Dile: El que te ama soy yo
Así aparezca un nublón

A ver si aceptas tu canción,
Al menos la llenaste pasión,
Pagando precio alto, mi Dios,
Pequé, ¡Tengo que poder ser mejor!

…¿Podré serlo?...

Of Longing IV - Spanish

Déjame escribirte una vez más,
Concéntrate en vencer la fuerte resaca
¿Cómo es que quiero, así, sin más?
¿Cómo es que ya no puedo dejar de parar?

Solo así, rompiendo con toda convención
Sin seguir guía y razón, o tal vez solo su voz
Me digo y te digo, aún lo quiero con pasión
Aunque haya muchos, se los doy, incluyéndote a vos

Helsinki has a Russian scent - Spanish

Armadillo de mar,
Tenue cara de sal,
Azul sinigual,
Ternura de Capaz,

Es que miras,
Pero no te ciñes,
Es que confías
Pero aún sonríes

Vuelta atrás
Ni mira sin más
Y cuándo será que ya,
Es un blanco de zar

Sube hacia una cimia,
Y me grita caricia
Eres chica de Alsacia
La Dama de Anastasia

Elisa - Spanish

Mariposa del desierto,
Ilumina mi encuentro,
Pues solo a ti te quiero,
Ave azul, fénix de hierro

Son las cuatro, siento tu brisa
Las ramas son tus caricias
Aún me sabe la boca a tu risa
Quiero irme contigo a Buenavista

Elisa, si, vuelve y desliza
Cántame, mírame,
Consuélame, quiéreme
Ilusióname, pues amo tu tiza

Ay querida, cómo es posible
Ya te soñé en frente de la Buelita
Un avión que me huele a jengibre
Contigo me voy prendiendo la velita

Tuve que botarme al prado,
A pesar de que ya había entrado
Te pienso y me duermo
El tierno pasto me sabe a nardo

Sigo viendo estrellas,
¿Cómo puedo dormirme sin ella?
¿O tal vez sólo ahora es que no hay querella?
Pues conocí a Dios, solo pensándola a ella

Her eyes - Spanish

Déjame verlos, los anhelo con todo su estruendo,
Grito siempre para-adentro, saco fuerzas para verlos,
Así no los tenga ciertos, los quiero porque los siento
¿Qué no daría por seguir viéndolos toda la vida?
Es que me cantan, me susurran, me mandan una caricia
En solo un minuto, me duermo fuera de sevicia
Ese verde, confidente, apoyo de mi consciente
¿Llegará el día en que pueda sin restricción verte?

Tan llenos de ternura, me agarran por la cintura
Nos confirman que estamos libres de toda la culpa,
Esmeralda tuya, neón, me convierto en campeón
Transmíteme todo lo que quieras, hoy soy tuyo amor,
Quiero luchar por los que sufren, porque también sufro yo,
Vamos Kate, ven aquí, ponlos aquí, y se si sensación
Sanciónenme todo lo que quieran, voltéense sin ton,
Me postro ante sus cerdas, no caigo en pozo sin son

Los quiero solos, sin tanto acopio, sesgo propio,
Que lo digan siempre todo, si necesitan apoyo,
Ven querida, ven a la guarida, hazlo con conmoción,
De aquí ya no resultará ni una sola escisión
Fusión de dos mundos que se abren, nuestra una revolución,
Saldrán los hunos, no a conquistar, sino por ayudar,
Guerra'e compasión, a ver, ¿Quién más ayuda? Ese ganó
Nuestro amor se dio, porque ganamos nuestra posición

Y eso que me hace acordar de cómo comenzó,
Se abrieron los mundos, del magma y púrpura salió,
Una mezcla de vida y pura, todo admiración
Se forjaron montañas y valles de todo el color,
Su llanura junta, con gracia y lealtad lo terminó
Y así mezcló, narcisos, jacintos, con yerbas de Dios
Costuras en oros, regalos de locura, llorosos,
Gloriosos, majestuosos, así se formaron tus ojos.

Is loving you a part of my faith? - Spanish

Oh, lord, with you as witness,
I'd like to say with tears and gray
I wanna have another chance,
To love forever, my Kate

Empieza con una extraña y complaciente ligereza
Es la que me lleva a la senda de más alta pureza,
Entro en un mar de seda, y me inundan las lágrimas tiernas
Rozo tu boca inciensa, te siento dentro de mi cueva,

Pruebo una vez más tu calor, y lloro, pero no es temor
Llevo meses, años, de pruebas, esperando que vuelvas.
Ansiando tenerla suelta, tu cabellera longeva.
Así llegaste, luciérnaga. Como nada, me besas

Mientras me voy directo-al adiós, donde todo nos cambió,
¿Qué fue lo que pasó? ¿Cuándo fue que el caballero cedió?
Mientras... tu manjar carmesí me recuerda que soy feliz.
Pero a su modo, para así mostrar los desiertos de Dios,

Esos que ya no tienen fin, del que pocos pueden decir "¡Te ví!"
Y que valen más que-el oro, exentos de cualquier deterioro,
Porque llegan sin saber cómo, nos toca aceptarles el modo,
No se los puede pensar ni ansiar, sino, se nos pierden en la cal.

Se los lleva un mar de penumbra y verdad. Nos toca soñar,
Toca-esperar, toca brindarles fe, ampararse en el señor.
Así cuando llegue ese sueño de Dios, le pueda yo decir:
Esto trascendió hace mucho la obsesión, yo ya creo en el amor,

Y creo en ti, mi corazón, atado al tuyo, ya sin dolor.
Aunque no sé si el tuyo esté con el mío, no importa mi amor.
Este sentimiento lo trascendió, está en los desiertos de Dios.
No se lo puede tocar, ni palpar, ni observar ni tergiversar.

Permanece en la arena pura, que el humano jamás comprendió.
Ese campo del ser y del estar, la esencia que está detrás
de todo lo que no tiene opuesto, del vivir y del amar,
Al que accede poniéndose a soñar en los desiertos de mi Dios,

Sintiéndote cada día, inundándome de tu ambrosía,
Viviéndolo con valentía, aunque-a veces tenga la apatía
Y te empiece a pensar y cantar. Cuando llegas sin decir más,
Llegas en un día afortunadamente inesperado,

Pero totalmente ansiado, lleno de esperanza voraz,
Que premia mi fe tenaz. Vulnerabilidad de un alado,
Que aparece dentro de unos años, el sueño más esperado,
Que me recuerda que-escogí bien mi manto, aquí a tu lado,

Cada segundo, permanezco eternamente enamorado.
Gracias a Dios, y a los que gritan ¡Ya! Resistiendo-a la sociedad
Que dice conocer la verdad, y que dice: ¡Basta, ya no más!
Este amor trasciende el umbral, va más allá de lo terrenal,

Por eso no necesito pensar, pero no dejar de luchar,
Para cuando llegue el beso tuyo, el que me haga llorar,
Sean meses o años, yo pueda esperar sin desesperación.
Que mi fe me evite olvidar: Los Desiertos pertenecen a Dios,
Que ambos pueda tocar, sin esperar: ¡Tu fe y el amor de Dios!

A mix of her - Spanish

Cantan los ángeles y llueven los siervos,
legión de poetas guerreros,
entramos a nuestro cuartel,
nos protege la sien de miel,

castillo blanco de piel de bebé,
regresamos a la tierra del ser,
victoria es el blanco café,
castillo nos aguarda de pie,

Triunfamos sin cruel, también
Nos llaman de vuelta, bien
Proteger es el lema, cantenmé
¡Guerreros! luchen, siganmé

Pues llegamos a casa, somos cien
Ni uno perdimos, héroes ven
Castillo blanco, sirvanmé
Entramos a Rotherbaum, vuelquensé

Nuestro barrio, grande es
Brilla fuerte, al anochecer
Nos da guarida, ya sin ver
Es madre, padre, es querer

Estamos salvos, todos, ¡yes!
Rompe el cielo su revés
Su cara aparece, sueltenmé
Ella es, ¡Ay mi Kate!

The red siren - Spanish

Me sientes y te siento,
Serpenteas como el viento,
Merodeas en incienso,
Me toreas mi lienzo

Si supieras lo que sé,
Volarías cual corcel,
Pues el calor es tu miel.
Siento dulce como piel

¿Aún crees que no hay salida?
No desanimes, Inka querida
Sigue tu camino, estoy contigo
Piensa tu razón, y que somos trigo

Incinera mi reina
Libera mi sirena
No la dejes afuera,
No rindas en pena

Hay veces que es mejor, infinitamente luz
Es tu cuerpo en fervor, una tiernamente cruz
Mi guerrera es mi estrella, que siempre lo desea
Pero en tu vientre, gritas odiseas

Second poem to the Viennese forest - Spanish

Mi querida, quiero decirte que te amo,
No sé cómo te ves, pero igual eres mi piel.
Aguárdame que pronto voy a dar el salto,
Mientras escribo bajo este árbol Vienés.
El bosque también me dice: Háblale a él,
Ése de ahí, que te da su calor y fervor,
La paz y euforia de Dios, es contigo Señor

Mi querida, te amo con todo corazón,
Sos mi fuente de Dios, te doy todo sin temor
Eres mi todo, eres la más fuerte razón,
Para encontrarte, tengo que dejar de ver,
Cerrar los ojos con bien, caminar siendo fiel,
Eres de mi piel, carne de mi carne, corcel,
El viento es la fe, tengo que dejar de ver

He llegado el momento, sé, de empezar a ser
Hojas sacan sus estrofas, cantan gloriosas,
Mientras estoy sentando, contemplando mi ser,
Y cómo se fusiona cuando dejo de ver.
Pocos saben que hay arena en el bosque Vienés,
El mar está en las hojas, donde quiero hacerte,
El amor y desierto junto al Bosque Vienés

Four months of love at first sight in Vienna - Spanish

Escucho un vals mientras me trasnocho más allá de lo esperado,
Cuando la noche de cuatro meses se acaba, ya no estoy bravo,
Y pregunto por qué no entiendo el tema de la vida en la tierra,
Al menos estoy contento, Tengo tarea pa' contienda

Sé que tengo que escribir, luchar con el corazón afilado,
Mantenerme duro y aguerrido que nunca, servirle al coronado,
Me refiero al amor romántico, que está casi abandonado
Ahora reina el miedo, el prejuicio, y su estruendo.

Me niego a creer que somos pocos que creemos en el sueño
El sueño del amor sin condición, camino, lleno de calor
Que parece el mismo del sol, fuerte, con vida y sensación,
Es de los pocos esquivos que tienen nombre y apellido.

Maripositas en estómago, estado grogy incluido
El amor romántico, que se siente solo a primera vista,
Porque si no hay riesgo, entonces no habrá tampoco vida.
Toca dar un salto al vacío, aunque parezca sin sentido.

Este tipo de amor, solo puede darse en medio de un hito
NO necesitas conocerle, ni saber de dónde es que viene
A lo Oriah the Mountain Dreamer, ¡No importa qué profesión tiene!
No interesa cuál es su nombre, ni sus modos, ni sus gustos
Tampoco importa su personalidad, ni como se comporte

Ni como cambie dentro de cuatro meses, un año o muchos.
Lo que importa son sus sueños, y deseo de ser fuerte
Sus pasiones, su alma, se ve en los ojos, inmediatamente
Y qué suerte que tenemos, pues se da en el segundo uno…

Ahora cuidado, pues dicen que es deseo sexual de uno,
Pobres desdichados los que no pueden distinguir entre los dos,
O Desventurados, que no quieren distinguir el uno del dos,
Pues solo distinguiéndolos, se llega a la derrota

Para dar el salto a la derrota verdadera y segura,
Se puede conocer finalmente la verdad bella y pura
El salto nunca fue salto, fue riesgo más no en vano
Solo el alma nos puede anunciar la posibilidad del salto.

Toca estar muy presente, porque se puede dar fácilmente ¿no?
Toca estar vulnerable y dispuesto siempre a vivir el canto
Canto eterno y permanente, Amor único y presente
Y es inmediato, señores, pues ya no hay nada más que hacerle

La causa no está perdida, ¡está más vivo que nunca!
El amor a primera vista, sin lugar a dudas, hoy brilla
Ahora móntense en corceles alados, a la batalla, ¡Ya!
No dejen más, caballeros, damas, seres humanos y demás,

Nos fuimos a la batalla, ¡Ya, ya, ya! ¡No se vuelvan para atrás
Los necesitamos fuertes en el frente del ser y del estar,
¡Es la potencia pura de la vida, Y Grítenlo: ¡Ya, ya ya!
La causa no está perdida, es el amor a primera vista.

¡Grítenlo yaaa!

The love of Family and friends

Now we are free, my friends

Gotta learn, oh really much,
How it takes to live in laugh…

And I learn in every step
Try find wisdom in all breaths
Praise my humiliation,
And about all of its depths

Still need to learn to say thanks
Admire and comprehend,
Sorry for thinking I'm best
Need you to look me again

Oh take out dagger arrest,
Bring it up, point without trait
Oh I need you to tell me,
I need you to tell me now

How we are all together,
In this path and in the now,
Torch that flame, burn me with it
Need you, keep me awake

And every now and then,
When I drift, get lost in faith
Forgetting how you're my friends,
And How I love you, all saints

Oh praise our human traits,
Remind me that I love you,
I know that I love you all,
Yes, coz you are all my friends!

Grindelallee 76

I fall again, and you recover me
A hundred times, while you remain here
I grow apart, rambling and crying free
Here you are, always there, loving me

I can't tell how impatient it is
To lose it and store it underneath
Not realizing that it's one thing
Keeping us alive, while blowing wind

Few moments of love, to rechannel the soul
We depend on each other, that's why we're bold.
I've gotta learn to pierce through the bigger hole
That's because I need you to keep yours and mine, whole

Time for us to really stop looking up there
Otherwise we're gonna keep running despair,
And while thinking, demanding and whispering,
We're occasionally changing and swimming

Loneliness, pride and aggravation
Get out of that, no hesitation.
Maybe it's not so bad that they're gray
They're up there, but we're okay

Hard to hope when others don't do it themselves
Hard to accept that I'm also part of them
While being rejected, everyone faking
Why are our communities all fading?

Big families are no longer the prayer,
At each other's expense, independence reigns
Why are people building such concrete layers?
I can't love them if they don't show me their place.

Their place of soul, that one which shows the true hope,
The one that moves us to care about us all,
So that we don't get lost, rumbling in our thoughts,
Fetching what was never taken, God loves all.

Do we really need proof? Or miracles? Truth?
When we have been told: God lives in all of you?
It's time for us to remember who loves who.
Our fathers, mothers, brothers and sisters, you.

Let us get to the try, just a little while,
Let us build a family of trust, and dine
Live the joy, unite all dorms, chant in all tones,
Love wins it all, yes, now we fight and breathe love!

Arrgggh!

For Dominika

I'm writing this, hoping you get to see
How easy life is, surrounded by cheers,
And all of which come from people like thee,
Honest and free, how everyone must be!

I've gotta be clear, I'm grateful you're real,
I'm thankful for the values you hold dear,
Otherwise I wouldn't have gotten to learn,
You can be attracted, and still be friends

I've gotta admit it took quite a while,
For all in all, there's some value in time,
Coz thru that, then one gets to realize
How smart, talented and caring you are

Let alone the tenderness that you have,
With determined spirit, all ready to fight,
You care about what's right, that's why you shine,
Maybe that's why you blonde dyed your hair, bright

I've gotta tell you I was left wanting,
Would have wanted to keep with you, hanging,
You speak about this tingling sensation,
How impressive your determination

With you I learnt how time is valuable,
For it's needed to see a person's title,
Not the one that's outside and tangible,
But the one that's inside, invaluable.

How much needed those conversations were,
On those Fridays, when one all but regrets,
That they were longer, be forever friends,
With you I felt safe, thanks for being care

Really, thanks for taking care, my dear friend.
I could talk 'bout feelings too, they're all there,
Impossible to not have them for you,
Coz you're a great person, who speaks all truth!

Sharing the Argentinian film was good,
Even more than good, perfect for my mood,
You motivated me to keep in the loop!
The fight of the romantics remains true,

And maybe there's a mystery to see,
Why I talked to you in the first time being,
I saw a blonde girl I liked, and she's real,
Only she turned out to have hope and feel

I feel privileged for such a moment,
I now don't doubt it, it's been a trophy,
For such a treasure I should be holding,
For having met you, I'm thankful, always

Sensible and meek, yet strong and fear-free
Your attentive and clever way of being,
Showed me that better to have a lover,
It's much more worthy to have felt stronger.

To hear your voice and thoughts after a day of work,
Has made Vienna better on its own,
Like a childhood friend, playing Canica
Always special for me, Dominika!

Familia - Spanish

Volar hacia la nada ¡Ventana!
Saltar ante el sonido ¡Campana!,
Cogerte de la mano papá,
Sentir tu tierno abrazo mamá,

Caminar contigo, mi hermano,
Y encontrarme siempre con tu mano,
Nicolás, eres el más, el capaz
Saber que estás, y juntos llegar

Irrumpir la puerta del hospital,
Gritar al mar ¡no nos van a parar!
Te amo Dios, como te amo papá,
Así pasará, cual día en Soracá

Perseguir, mamá, ¡Grita Libertad!
Ya no aguanto más, no lo acepto más,
¡Vamos, Santa María de la mar!
Vamos allí, donde solo hay bondad

Allí donde todos, podemos estar,
En plena, capacidad de-Amar,
No aceptamos, ni un segundo más,
A no ser… que sea para-Amar.

Ni miren atrás, somos vecindad,
Debajo, demás, los astros están
La gloria se va, eterna su sal,
Les tengo piedad, uy ¡Cuánta maldad!

De pie ya soñar, quiero ser real
Corazón estás, Dime ¿Cómo vas?
¿Necesitas más? ¿Gente para-Amar?
Los cuatro ya están, mi fuente vivaz

¡Sí queremos más! Listo el compás,
Alistamos ¡Ja!, Soñamos allá
Nunca acabará, permanente ya
Verdad sinigual, Paz para soñar

Eterno será, ¡El sueño, mirá!
Así se podrá, ¡Solo así va!
Nunca dejarás, de soñar su ¡Ha!
Así amarás, ¡Siempre con bondad!

Siempre me querrás, sabrás que soy real
Libres en deidad, ¡Amar! ¡Eternidad!
Saber la verdad, Sin sueño, caerá,
¡Solo así será! ¡Solo así podrá!

Eterno papá, eterna mamá,
Les quiero contar, ¡Que ya nunca más!
¡Seré mi soñar! ¡Vivo mi verdad!
¡Porque soy verdad! ¡Sueño vecindad!

Existo sin más, porque sé amar,
Olvido todo, lo que no sea-amar
La fuerza del dar, libre sinigual
Vivo para más, gracias por amar

Ya casi se va, libro va-a-acabar
Dame fuerza ya, poesía mirá
Melodía ná, quiero servir ya,
Dame una más, para ser feraz

Solamente-así, devuélveme sí,
Llámame servil, a tu corte, ¡fin!
Victoria seguí, Mi cántico rey
 Quiero otro sí, corazón de ley

Y ahora sí, Suenen trompetas,
saquen cornetas, truenen cañones,
no valen ni Dioses, Que sientan voces,
silban colores, cantan canciones:

Sueños de-herencia, esperanza necia
Morado persistencia, Rojo-efervescencia
Negro de certeza, Azul de pureza
Suerte de proeza, Una nueva guerra

Una que renueva, saca luz y correa
Tenemos prueba, no paran su brea
Llora y no se deja, pero deja que llueva
Alegría plena, Así es mi pena

Quieto amarillo, quieto en regocijo
Líder de ensueño, verdad de estruendo,
Suelta mi brillo, así es que nos dijo,
Victoria de sueño, Verdad de todo esto

Cantad sobre ello, Soy yo, con ellos
Experimento nuevo, minuto de-amor ciego
Con papá-mamá y ellos, mi hermano y su vuelo,
Y hasta novia cuento, todos con mi sesgo

No se puede olvidar, muy importante dar:

Vivo para soñar,
Sueño para amar,
Amo para vivir,
Sueño para vivir

Sueño que salta, montaña vuela,
Promesa espera, Sueño que Nerva,
¡Virgen de Lourdes, espera! Ya viene la Prueba
Conquista mi vista, Virgen de la Conquista

Y vuélveme nueva, así, toda tierna
Libera mi senda, para cantar mi sueño
Amando contento, logrando tu encuentro
Hasta-último segundo, Seré siempre guerrero

Y por cuenta de eso, nuevamente recuerdo,
No se puede olvidar, muy importante dar:

Vivo para soñar,
Sueño para amar,
Amo para vivir,
Sueño para vivir

Seré músico, ¡Oh, sí!
¿Poeta? ¡Claro, para ella!
Escritor también, ¡Uy, si!
¡¡¡¡¡Es eso… o nada!!!!!, ¡Mi bella!

Home from Mallorca to Gießen - Spanish

Luchamos en el sol,
Sale una canción,
Mecemos sin temor,
Alegre habla de amor

Volvemos a nacer, nace cruz de fe,
Juntos a saber, tren de luz se fue
¡Guerreros llevenmé!, ¡cabalguen siganmé!
Detonen su corcel, ajústense de miel

Cuán franco debe ser, pa' lograr ser un también,
Siempre pasa un tren café, es un tren feliz de pie
¿Qué no ven que soy con él? No me paren, me enganché
¿Qué será del riel? Su sonrisa huele a piel

Si con cinco ya son tres, escaleras cien de vez,
Si las subo me das té, vuelvo loco soy cien pies,
Son los locos los que ven, la vida y su nivel,
Solo así lo entienden bien, sólo solos pueden ver

¿Es que en serio no lo ven? ¿Y dicen que soy cruel?
Le llaman Dios pero sin ver, no sonríen ni en Belén
Hermanos vuelvansé, déjense querer, jodansé
Aquí lloramos los del tren, pues por fin sabemos quién

Tenemos un cuartel, ¡qué grande coronel!
Diga usted si soy recién, o si veo un carrusel
Recuérdeme también, que yo soy un buen tren,
Diganmé que ser de gel, es sentir todo con fe

Quiero besarte y decirté, te esperé y no me cansé
Saborear tu piel bebé, cariciar tu pelo, pecho y pie
Que me queme fuertemé, pa' sentirte en todo ¡Jé!
Suene el mapalé, ¡nos casamos ay, mi Kate (Keit)!

Es mi casa, Deutschland, ¡sé!, me apacigua yo seré
Me recuerda Cereté, un calor que ya se fue,
Vuelvo a casa, gritamé, eso sí, sonríemé
Soy guerrero de mantel, sirvo siempre a lo nobel,

Suena el himno, ¡Suena bien!, ¿Inna quién? ¡Inna cien!
Eso arriba no se olvida, siempre y cuando tenga vida
¿El sentido ya ha tenido? ¿Es lo mismo que estar vivo?
Es el himno del también, ¿Inna quién? ¡Inna cien!

Alemania truena ¡Zen! Nos perdimos en Gießén
Aquí volví a nacer, Alemania hasta en mi ser,
Oh, I am in love, ¡Oh cuánto amor!
Where's my home? Is it Here and All?

Germany is home, there's no other place to go
Yes, this is my home, there's no need no more to go
My mind is now set free, my heart shines now on thee
Alemania estás ahí, ¡Qué suerte que te vi!

A dream of friendship and responsibility – Mostly Spanish

¿Qué tienen las flores? ¿Con sus retoques y sus brotes?
La ligereza del ser, su verde y sus señores
¿Qué tienen en su borde? ¿Qu'es Añorable y se esparce?
Es un claro inestable, fuerte calor incesante.

¿Cuál será el misterio en su corteza? ¿Que crece, pero no se endereza?
¿Sus tonos agitados, y solamente alineados? ¡Cuánta belleza!
¿Que canta y se para? ¿Y que no deja ni un solo espacio para plaga?
¡Ellas son lo más, más! Pues ellas nos acompañan en esta etapa

No los vemos mucho, tratamos de convencernos
En medio de eso, nos cantan sin pena su rezo
Nos transformamos en grueso, testigos de hueso
¿Cómo ya no los vemos? ¿Será hora de vernos?

Van siempre en su sesgo, aguardan su peso
Son Nobles en fuego, pacientes en tiempo
Colorados de viento, grados de incienso
Eternos guerreros, compañeros buenos

Estallan la vida, rebosan sufrida
Lloran partida, pero son alegría
No temen huida, creen en ti, querida
Siempre tendrás, un amigo de por vida

It's a large and imponent bridge
Tons and tons, of steel and concrete
We're passing over and under its breeze,
Our tribe is brawler, stop us from seize

The red and brown, mixed with yellow and sound
The black and loud, the melody around
The five is the dice, we walk as we fight
The distance sight, we're the city of light

The dream is our time, past is now a lie
I knew we were true, deep down it's our crew
It's always been fly, all we know is fly
Dreamers aside, don't let go of my side

And don't you give up, I'm sure you will find
In the city's hall, your most precious law.
One day you'll wake up, you'll know where to strike
You'll sit like a hawk, there won't be an awe

Was it all for none? Can I ask how come?
Maybe it's my tone, it's how I speak and sow?
Forgettin' the job, none of us needs row?
That's when we're thrown! ¡We can serve in the show!

Mis amigos, los escucho latir,
Quiero sentirlos, cual si fuéramos Kids
La setentín, la monita y su feel
Soñar grande… that's how it's gonna be!

Y Grande… para un pequeño sentir
Viviré siempre, jugando a ser King
Amigos… ¡Rodéenme con su feel!
¿No lo ven? Yo solo quiero vivir

Overflowing of optimism - Spanish

It's how we know this bliss,
So narrow the old siss,
It's how we know that trap
Let's get rid of that hat

Reboso mi optimismo, soy barómetro tardío
Soy árbol que madura, sin sentido yo te digo,
La razón de su fuego, siémbrame un te quiero
Más lento que un cuento, victoria mi soneto.

Siempre digo al vivo, que percibo relativo,
Nos llueven los ecuestres, nos llueven en corrientes,
Cabalgamos en fuentes, nos sirven sus celestes,
Mientras digo que vivo, percibo relativo

Reboso mar de fe, así es que te encontré
Grita conmigo Yes, Solo a ti te quiero, ¿ves?
Mirando yo sé bien, Es el blanco de tu miel
¿Ay cómo no lo ves? Si te espero a flor de piel

Cuéntame de quién. Si es que no, también,
Sácame del cruel, cuento que no sienta bien.
Siémbrame deber. Si es que no, también,
Vuélame del riel, tren que sale sin ver bien

Reboso mi optimismo, les muestro mi estallido,
Tolero su bullicio, pero solo por un ciclo.
A veces grito y digo, no aguanto más su vicio
Es que están dormidos, que feo su bramido

Reboso mi optimismo, me cansé de todo ismo,
Soy carne de ternura, siempre vivo sin pedirlo,
Me cuentan de la huerta, su amada, y su espera.
Algún día será, ¿verdad? Primavera que no niega.

Reboso mi optimismo, mientras esquivo su abismo
No dejo que su coro, me cierre a mí del todo,
Creo que caí también, en el puro racionalismo
Y pregunto, ¿será verdad? ¿Algún día volverá?

Family, happiness and benignity - Spanish

Imposible no llorar de felicidad,
Cuando me conecto con tu tierna bondad,
Te siento, lloro, sonrío, te testigo,
No quiero dudar, siempre estás conmigo

Y si dudo, que sea todo que no es,
De todo eso que mi mente me vierte,
Dentro del mundo, a veces cruel, demente
Mientras mi corazón late fuertemente

Anhelando el día para dedicar,
Todos mis triunfos, para familia, su dar
Tener audiencia, que les vea, aplauda,
Servio, Ana, Nico, pa' ellos o nada

Y pedirle a todos los que aplauden,
Que agarren los respiros y suspiros,
Que piensen en la razón por la que viven,
Con un grito, que empiecen a dar giros

Que lo saquen todo, con lágrimas, aguas,
Porque la vida merece esto y más,
Somos todos familia, y de mar, verdad,
Gritamos, lloramos, pa' vivir y amar.

Uzbekistan - Spanish

Hoy me encontré con un Ángel,
Iba por miel al supermercado,
Y me sacó de mi propia cárcel
Hace rato no me sentía humano,

Me hacía falta hablar humano,
Me obsequió su sabiduría,
Me invitó a comer poesía,
Compartió todas sus travesías,

Me alimentó sin esperar, no,
Y me dio fuerzas para seguir, sí,
Ya con tres horas, soy otra vez yo,
Ojalá podamos seguir así,

Cada respiro sabe a oro,
Cada sensación va con su temor,
Querubines me silban en coro,
Feliz y pleno, soy un eterno,

Gracias al ángel de mi consuelo,
Cada momento, sabe eterno,
Dejo lágrimas en cada suelo,
No puedo contener mi contento

No soy el mismo joven de antes,
Puedo andar y regocijarme,
Sonreírles a mis enemigos,
Perdonarles, seguir bien campante

Pues hay felicidad en la calle,
Ahora ya la veo, ¡Gendarme!
Sigan cuidando de esta madre,
Protéjannos del que quiere carne

Acostumbrémonos, de corazón,
Ensimismémonos a la canción,
Gracias al Ángel, Yuri, comí yo,
Tres horas nos mandamos, solo sol

Saboreo cada respiración,
Me hundo en cada sensación,
Lloro frente a todos y ninguno
Reboso-ahora de inspiración

With my brother, by his side - Spanish

It's like I know this
With such degree of certainty and blindness,
That it seems now foolish, full of obviousness
As if it had been, eternal life of a dream

Reboso optimismo como barómetro de primavera,
Maduro lento porque quiero que cuenten bien mi madera,
Mis margaritas suenan, blancas, cantan victoria en la prueba
La razón de vivir, mi certeza, no nos quitan más la hierba

Así te encontré, ecuestre del mar de fe
¡Que nos digan pues! Celeste, desciende bien
Nos queremos ciertos, llegamos caballeros,
Cabalgamos sin desatarnos ni vernos

Me cuelgo de tu melena, mientras aprendemos de la siembra,
Y veo al horizonte, pero yo no sueño con su norte
Reboso optimismo, como barómetro de primavera,
Me llueven las hienas, pero no les damos ni una sola tregua

Eres suficiente hermano, en mi sueño eres un rayo,
Cantando consciente, sano, así nos damos amparo,
Para que cuando llegue verdad, nuestra esperanza diga ¡Ya!
Y cuando sepan que-está, digan: ¡Paila Capitán! Ganaron los Más…

A Spanish friend in Helsinki - Spanish

Escucho el viento, en la madera
El pensamiento, es la nevera
Siento el lejano, como un travieso
En mis entrañas, sin un comienzo

Tres meses y no un día, un día y no tres meses,
El maestro ha cumplido, su alumno alegre en creces
Lo observé, lo miré, lo entendí, no me dejé
Lo sentí, lo imaginé, me convencí, no lo creí

Dios vivo, fuego vivo, sueño encontrado, corazón blandido,
Que en esencia, nos muestra valor, vivo y encendido
Su lucha se logró, pude escucharte y pude abrazarme,
Le contemplé detrás, desenmascararte, y así reflejarme

Siento felicidad, y siento un gran amor
Caminando la observé, y riendo la miré
Arriando comprendí, pero no me dejé
Jugando le creí, y luego me convencí

Siento el dulzor de amor, propósito cumplido
Duele este calor, Y hay suero encendido
Alegre el cantor, momento escondido
El tiempo se acabó, regocijo de lo vivo

Dios vivo, fuego vivo, sueño encontrado, corazón blandido,
Que en esencia, nos muestra valor, vivo y encendido
La lucha se logró, pude escucharte y pude abrazarte,
Lo contemplé, detrás del monigote, es nuestro baluarte

The love of God and the Virgin

This is our fight

I wanna keep risking getting hurt,
To feel this is a gift on its own,
I'll never relinquish, even sore
The wounds that some may regard abhor

I wanna wander and fall in love,
Every second of life, see it all,
Don't wanna live other way than this,
Vulnerable fool, longing for bliss

Knowing it will, without doubt appear,
And when the moment comes before me,
I wanna be ready to go steer
For that, this style of life I can't live

Please, God, send me enemies and spears,
Please, don't dare be less harsh upon me,
Send me as many of them fair tears,
Become a lake, experience all feels

Live a good life, idiot before time,
Vulnerable and whole, longing kiss
That always comes but finds way to hurt,
My soul is freed from fears, I can turn

And remember that tendered, loves all,
Forgives all, live forever in love,
But I still need a million times hurt,
Need something to forgive, need that love

Please allow me to live more like this,
Then I can endure everything,
Just keep me with your loving embrace,
Coz one day I'll set before your grace,

Before this, allow doggy get hurt,
Because this doggy's always in love,
And wants to give his life without thought,
Every second, ready for all,

Teach me how I can be more myself,
Though other don't see it, call me strange,
I prefer that, without doubt, my friend,
Being myself, the love I wanna save!

The mission

If I could just write books,
Watch movies and laugh,
For the rest of my life,
And also have a fight…

There won't be a doubt,
Then it's all God's grace,
The angels ablaze,
Virgen Mary's shout

Let me be free,
Every second I see,
All the love I feel
I wanna give it all to thee!

My virgin, let me serve

With this encouragement it's hard to desist
By all means it's yours as these fears will go deep,
Keep it pointing north and don't let it cease its breeze
My days are counted, I can't just sit here idle,
I thought I needed a sign, but no, It's time
Time to use these seconds for your title,
Adequate my yard and tame it to your line

With this motivation, no consolation
No time for a gesture, only for pleasure,
The words, the verses and all of their nations,
Gathered for your gazing, your designation
The letters are arranged, for your whole mending
Transform this book into one powerful hook,
Oh, Virgin, this humble melody for you:

And I released my chains, to fight, again
And now I long to give, my life, again,
My family is my plane, to fly, away
I'll give my life for them, and oh, for her

My virgin is my lane, I won't, forget
Please give me now my chance, to prove, my name
A blessing of my mom, to go, back home,
A chance to give my life, and yes, for them!

This is our battle cry

We fight, we love
We cry, we row
We want to give it all
We long to die for love

Strike hard as heavens sigh
The battle has come home,
A privilege of our own
Now we look to the sky

We keep our high
The almighty shouts hard,
Oh, Command us to die!
Our privilege, it's time!

To be like him alike,
A gift, to be a sign
Follow his steps and shine,
It's real, it's my life

My commander, my soul guarder,
Remember the years my sire,
Say the words,
Send us to dark hell roads,

There, where our most needed glows
Destroy and sow,
Nothing but victory of love
Oh please, send us now, we need to find home!

The greatest pleasure of being alive,
The biggest gift! Dying, fighting alike, Yaaaaa!

God's needed in Vienna, please!

Can't take this no more, unless I feel
God in my veins, speaking with ease
I wanna travel slow, find my peace
So to find my Service, oh God, please!

Please lead me to my fears, deep beneath
Let me feel the pain, so I can be
Rather so my soul can be free,
I choose to serve, ethernally thee

Please guide my pain, my tears and my name,
I wanna serve, please, I wanna serve!
Give me strength to face what is at stake
It's now or never, for that I pray!

Give me a chance to love, I want all
All the men and women, I see all
Please tell me where I can serve them all
Give me the strength to choose always love

I don't know what I'm doing no more
All I have is you, My God, my Stone,
Cure me from this pain, physical thought
So that I can choose to serve my soul!

Before I leave Vienna and the PhD

Lord, please, Give me a sign!
I can't do this alone!
I wanna be at the service of love!
I wanna be at the service of all!

Lord, please, tell me where to try!
Coz this feels way too hard!
And I know I can't do this all alone
While in my head there's all this noise

Lord, please, give me a sign!
Now that I've woken up
Unexpectedly, 2 a.m. in the night
And started watching a movie, all trapped

I need you by my side
I need you to help me write,
A poem to those I should have called!
My family! You dumb!

Lord please, give me a chance!
Without them I can't survive
I've gotta write to them, I've gotta Cry!
Gotta be better, gotta change my life!

Of his forgiveness, his healing and love – Spanish and English mix

The promise of a better world,
A new family raising up above,
How is it that hope is just not enough?
How is it not enough to love?

The false illusion tangles you along,
And you do believe they're all against you,
The fire of anger, sounding the gong,
You got no choice, it's time for you to go

I gotta confess that at first I cared
And I did care, but got lost by the way
Got angry instead, forgot to forget
Gotta learn how to live a patient day

That's when you saw me, deep entrusted trail
I'm sorry but I can't have you as pet,
I can't try if you're scared to say your name,
Better I stay here, till you choose the truth

Better I not look you, till you live full
Gotta focus on those that are my moon,
I have to pray for those that do the do,
So you won't forget that God loves you too,

Creating something out of the mere blue,
Forgetting a birthday that was all true,
Gotta stay close to my dear and loved four
Gotta return to those that are full love,

It's the number four, who I ask for hope
Can you forgive a blow? Lost my own road,
No need to grant it, I'll return to grow
Coz I miss you all, You are all my lot

I leave here, knowing how easy it is to forget those who care
How impatiently we can grow, to forget that God loves us all,
With the painful thought of forgetting one's own mighty birthday,
We cry and try, keep searching for something that was never taken

Oh, my mom, my Dad, Brother, friends, I see God in all of you,
How could one not love you all? How could I forget your spirit brawl?
As the wind gags my cry, brown spikes, I ask: Please forgive me, you are all
Shimmering time, shrieks and pangs, I wanna give myself to you all

Prowess in style, heroes are blight, Can I try just a little while
Is it enough? Ecstatic bright? Let's grow a family of joy
Let's love, unite all dorms, create families in spite of all tones,
Love wins it all! yes, love! now we fight, now we sigh, now breath love,

Ebbing my soul, I look back, Sini, how could I forget thy lily
Grasping for pride, cruel-sweet looks aback, I wish I could sear and cry,
Then I wouldn't be here, besieged and fierce, without suffering time,
Twin me with your arms, forge me my rhymes, shout as loud as you can! Arrggghhh!

¿Cómo no amarte, Dios? ¿Hasta-el ejido?
Pedirle perdón a los que he herido
Por favor, diles, siempre los he querido
Porque así yo lo aprovecharía

A Simone, compasión daría
Para su depresión, pediría
A Cósima, ser más empatía
Contemplar su belleza, condesa,

A Matthias, consuelo de fresa,
Acompañarle en su tristeza,
A mis vecinos, más fortaleza,
Sonreírles al verles la cara,

Y con eso, mencionar a Lara,
El viejo Armando y su manta,
Montes, Julián, Isabel, la chava,
Aguja, Prieto y Costeño

Su amistad, yo sí la aprecio
Perdón, gracias por decirme necio
Perdón, a los que no tienen precio
Los que siempre han estado ahí

Velásquez, Paola, todos, sin fin
David Galindo, Laura, me serví
Con ustedes, pasamos el confín
Claro que sí, a ustedes también

Carlitos, Iregui, con toda fe
Hasta Catalina, estarás bien
A Pablo y Johanne, toda piel,
Triunfamos desde nuestro buen corcel

Sin ellos, no vuelvo a decir amén,
Son los importantes, los más grandes,
Ellos le dan brillo a las calles,
Sí, somos cuatro irremplazables

Familia de cuatro, más un gato,
O qué digo, gata, la sor gata,
Ni nos hace cosquillas un rayo
Nuestro amor incondicionado

¿Se puede ser más privilegiado?
¿De tener una razón de estas?
¿Para la existencia de fresas?
¿Una vida solo de bellezas?

Sí, sí, sí, mil veces, sí, solo así,
Porque así lo conocí, sí, así
Así aprendí, a contar de a mil,
Mil abrazos para vivir sin fin

Mil caricias para latir por fin,
Mil besos para cantar sin un fin,
Mil, somos el comienzo y el fin
Mil, para secuestrar la tempestad

Él es mi papá, sabio de verdad,
Muestra ternura, y solo bondad,
Siempre luchando, aún contra mar,
El ser que vio, Servio es mi papá

Sigue mi mamá, la que siempre da,
Da todo, y daría hasta más,
Nos protege y nos cuida del mal,
Ana Lucía, Virgen María,

Y Nico, nos dio la valentía,
Para amarnos aún de prisa,
Dice que no le toca la brisa,
Más su corazón, el que más brilla

Perdón a los cuatro, no he dado,
Aún, todo el amor obsequiado,
Requiero de una vida, darlo,
Dejarame, pues, anonadado

Es que es tanto, que yo no paro,
Viviré siempre impresionado,
Viviré mil vidas extasiado,
Eternamente insoslayado,

La vida se convierte en claro,
La eterna contienda de faro,
Bajar para luchar por el blanco,
Para darlo todo, sin dudarlo,

Siempre, el momento adecuado,
Una eternidad, esperando,
Multiplicando, el amor dado,
¡Dar para sentir, Sí quiero vivir!

El amor que me puedan recibir,
No será menos que mi ser servil,
Resumo todo lo que aprendí,
Para dar mi vida, todo de mí

Gracias a ellos, soy infinito,
Vivo siempre con un gran sentido,
No miro atrás, es sin sentido,
Pa' llegar, basta solo abrazar,

Todos los días, sol, luna, gritar
Gracias a todos, por siempre estar,
No me cansaré nunca más de dar,
En este gran juego eternidad,

En donde no hay la necesidad,
De buscar esta batalla ganar,
Pues ya nunca me voy a cansar,
¿No ven? ¡Ganamos hace mucho ya!

Por eso me arriesgo, ¡todo va!
Sonrío al travieso, ¡Qué hueso!
Cojo su hielo y aprovecho,
Para darlo a los que aprecio,

Mi familia, mi Dios y mi pueblo,
Y solo a ustedes los quiero,
Una penúltima vez les digo,
Dios son ustedes, yo los bendigo

Guide me, Virgin Mary, guide me towards my life - Spanish

Déjame escribirte, quiero más,
Céntrate en vencerme, reza mar,
No quiero quererte, ni demás
No puedo pararme, ¿yo dejar?

Rompo toda convención,
Sigo mi guía y razón,
Acudo donde sea su voz,
Esto lo quiero con pasión

Así haya muchos,
A todos se los doy,
Así, incluyéndote a vos,
Ya te dije que yo voy

Nada tiene sentido,
Me dicen inmaduro,
Me siento a veces niño,
Me secuestran mi brillo,

La nada tiene sentido, sigo siendo un niño,
Un inmaduro, un pillo, que coje y se estrella
Soy estallido, lo acepto, ansío desperado tu brillo
¿Cuándo vuelves estrella, para refrescarme mi lema?

Nunca dejaré de quererte, por más maduro y tranquilo,
Nunca dejaré de pensarte, por más consolado y seguro,
Nunca dejaré de amarte, por más establecido y querido,
Nunca dejaré de serte, porque así me mantendré puro

Rocíame una vez más, acepto el camino del azar
Tócame mi despedida, muéstrame la salida,
Llévame a altamar, con ellos tengo que estar,
Sácame de la guarida, la victoria de mi vida

Ecstasy of God and Love - Spanish

¿Cómo es que te amo tanto, Dios?
¿Pero no encuentro coherencia?
Me hundo en mi ego de a dos,
Olvidando de mi existencia,

Protégeme de trampas de mente,
Que hacen que de ti me aleje,
Así como de los que me quieren,
No permitas que se apoderen,

Para que pueda seguir gritando,
Caminando la vida llorando,
Llorando de amor, alegría
Añorándote, Virgen María

Para qué vivir, sino pa' llorar,
Cantar y sonreír, siempre amar,
Vivir es para luchar, nada más,
Así siempre la voy a alcanzar,

La felicidad y todo pa' ya
Lo demás, no nos va a importar
Todo lo demás, se puede ir ya
Nos hemos librado del gran pesar,

No dejes que nunca se nos vaya,
Ese amor de color púrpura
Que a la gran sombra, la soslaya
La dispersa, sin tregua, metralla

Nada de piedad para la sombra,
Que se pudra con toda la tropa,
Que se pierda dentro de su bronca,
Porque la perdonamos con toda,

Con toda nuestra gran esperanza,
Con todo el corazón y dembow,
Con todo el ritmo de un pendón
Con todo el empuñe, espada

Victoria, es la nueva cruzada,
Arriad, caballeros de Esparta,
Nunca más estaremos lejanos,
Acudiremos con nuestros cantos,

Pedimos perdón por los pecados,
No queremos ir contra los lados,
Ni las aristas que nos ha dado,
Perdón por no haber apreciado,

El amor más grande, el de ella,
El de mamá, heroína del mar,
La luz en medio de la tempestad,
Con ella no hay más dificultad

El amor de Carlo y de Sandra,
Futuros santos, siempre con Mamá,
Están los tres gritando, ¡David, va!
¡Haz de esta vida, nuevo mantra!

Vivo de nuevo, lleno y pleno,
Cada momento, un fiel Ungüento,
Me deja para siempre, consuelo
Sin vuelta atrás, somos eternos

Pero doy cuenta de algo nuevo,
Miro alrededor, ya no veo,
Todos mirando, pero sin fuego,
Ya nadie quiere contarme cuentos,

Ensimismados, ¿ya no soy ellos?
Miro en el tren, son todos cuervos,
Camino andén, son todos cuervos,
¿Ya nadie quiere vivir un sueño?

¿En serio? ¿será que quieren vivir?
¿Así, para siempre, todos presos?
Me compadezco de todos ellos,
Me invade su raro convivir

Mi mente, luego se descarrila,
Por unas horas, vuelvo yo a mí,
¿Podré remplazar esta comida?
¿Por qué nadie se auto estima?

¿Podré ayudarles con su razón?
¿Una nueva razón para salir?
Dejar su mente, y salir de si,
¿Será mi ego el que dice, sí?

Es cierto, estoy aquí de nuevo
Y sé que esto, ya no tiene fin,
La eterna vida y su trueno,
Resuenan fuerte, ahí bien dentro

Pido perdón, no tener aprecio,
Por esta nueva vida, ensueño,
Me corresponde seguir, contento,
A veces con sueño, soy guerrero

Así bien fuerte, sí que lo siento
Desde su estruendo me recuerda,
Mi ombligo canta con aliento,
Dejo de estar siempre tan lejos,

Vuelvo al amor, Quiero tener sol,
Acariciando, abrazo de Dios,
Darle a los seres que dan amor,
Primero a ellos, sin excepción,

Seremos todos, no hay elección,
Algún día llegamos, señor,
No nos olvidamos del vencedor,
El gran triunfador, El que nos guio

Pido perdón por confundir amor,
Sé que ahora lo haré mejor,
Mi amor por Kate, da vuelta, siembra,
Me completa, me baso en ella,

La gran estrella, mi virgen tierna,
Porque tú eres la que recuerda,
La que guía mi gentil contienda,
No apagues nunca esta mecha,

Y sobre todo, dirige primero,
Para que sea a los que quiero,
Quienes reciban de este huerto,
Toda la alegría del cielo,

Sí, todo para ellos primero,
Papá, mamá, mantienen entero,
Hermano, compañero certero,
Todo para ustedes primero,

Solo así es que yo encuentro,
Una forma de no separarme,
De esa llama, que no es fuego,
Que sin duda alguna, tocarme,

Puede, lo describe, y lo entiende,
Lo escribe, escucha, y toca,
Esa energía que desboca,
Por eso pedir perdón me toca,

Y seguir pidiendo perdón, siempre,
Para agradecerle, alegre,
Me dirijo a ustedes, seres,
Señor, Dios, mi hermano, de verdes

Papá y mamá, ustedes, morado,
Abuelos, tíos, todos azules,
Primos y amigos, de rosado,
Y todos los demás, colorado,

Siempre faltará para amarlos,
Mientras todos los días, cálidos,
Ya no dejaré de pedir perdón,
¡¡¡¡¡Para siempre vivir en el Amor!!!!!!

The triumph of redemption - Spanish

Solo quiero que me abraces,
Vientre de paz que así baila,
Gato, gatito, así lames
Abrázame fuerte, no pares

¿Por qué es que ya no nos amamos?,
¿Por qué es que ya no nos tratamos?
¿Aún les puedo contar mis secretos?
¿Mientras procuro escucharlos a ellos?

Solo, ya quiero que me quieras, Dios,
Dudo, me lluspo y me tumbo, Adios
Pienso, saturo y formulo, con Dios
Orgullo, camino contigo Dios

Perdonas cada cosa y acción,
Aunque caiga y pregunte por qué
Servirte en palabra y pasión
Muéstrame el camino de Fe

Muéstramelo ya, no puedo esperar más
No quiero señor, ya no quiero dormir más
Es que sé que te amo, un temor universal
Vivo y no me detiene ni la muerte material

Cómo te lo demuestro, quiero decirte que te amo
General, general, levanta la bandera y el ramo
Carlo, Sandra, con ustedes vamos caminando
Hoy, mañana y siempre, porque ya triunfamos

God, I love you - Spanish

Cae el agua hirviendo,
Me blinda con su caparazón,
Agua fría ya no es fría
El viento transforma en calor,
El loco se vuelve el cuerdo,
Y el cuerdo se vuelve loco

Necesito lecciones de nuevo,
Ansío siempre el momento,
¿Podré entregarme hacia ti?
Virgen María cuida de mí,
Tú que me lo has dado todo,
Quiero verte, contarte todo,

Quiero verte para decirte,
Te amo, te amo, te amo,
Te veo siempre en mi mamá
De eso sí estoy seguro,
Este amor viene de allá,
No, no viene de otra parte

Sos vos intercesora de Dios,
Cuida siempre de ella, amor
Virgensita, cuida de ella,
Ámala, es nuestra estrella,
No olvides que te amamos,
Mamá, no olvides por favor

Recuérdanos seguir amando,
Por hoy, por mañana, y siempre
Así el cielo va brillando,
La tierra tiembla de alegría
Ángeles festejan melodías,
Dios sonríe, todos alegres

Pues tú, mamá, Ana lucía,
Con todo tu Sarralde Delgado,
La que ha entrado al cielo,
Ya no tienes ningún pasado,
Nos muestras camino alado,
Hacia el amor de venado

Por ti es que todos sonríen,
Por ti es que cañones truenan,
Porque en ese día llegó,
La que con solo ser, nos salvó
La indispensable guerrera,
La que hace que todos suenen

Ahora todos queremos ser,
Salvar al mundo, desde la piel,
Por ti mamá, conocimos Dios,
Un amor por el que todo lo dio
Y que por todos intercedió,
Gracias por enseñarnos a dar

Virgin Mary, guide me when I deviate - Spanish

Tócame la espalda, acógeme sin falta
No me dejes desviar, guíame sin ver atrás
Ansío y me tropiezo, sueño y me caigo
Pero contigo a mi lado, ni me rindo ni llamo

Estás conmigo, te siento y por eso grito
Estás bien dentro, pero a veces me olvido
Grito de libertad, tiembla fuerte y me llora
No dejes mi boca, suena música de vida

Me despisto, empiezo a vagar por un lío
No quiero escucha más, a menos que sea tuyo
No quiero hablar, a menos que sea para amar,
Libre en mi misión, procuro esquivar el mal

Llámame, déjame gritar, fuerte y estridente
Cuando vea el mar nuevamente,
Yo solo quiero que me convenzas,
Ahí estás, sos libre, porque respiras y vuelas

Se repite momento vacío, lleno de miedo
Sombrío y sin lío, algo me dice que puedo
Creer en ti, lo mismo que en mí,
Fuerza mi querubín, lucha feliz

¿Por qué siempre son tres?
¿Cuándo será que me vengan a ver?
Tan solos y tan coros, heme aquí, olvido,
Pero recuerdo, quiero ser tú, amar para ser luz

Virgin Mary, you are my battle banner Spanish

En ti me sumerjo en la calma,
Respiro para darte mi alma,
Ansío que me guardes y me ames,
Encontrarte en cada mujer, tú sabes.

Me enamora en cada instante,
Te veo reflejada en estanque,
Le llaman ciudad, para mi deidad,
Llena de ti y de tu tierno dar,

He hecho mi pacto con la soledad,
La acepto, compañera de andar,
Convivo en ella, un día cantar,
La encontré, eres tú, santidad

Eres mona, te imagino mona,
De ojos azules, bien decorados,
Dispuesta a batallar, toda mona,
Me abrazas y me llenas de gloria

Vuelvo y recuerdo, cuando vi tu luz,
Noviembre de cruz, curándome canción,
Lo volviste-a-hacer, una y otra vez,
Siempre compasión, como es que no ver,

A veces es Kate, otras veces, Mujer,
A cada una veo Virgen nacer,
Mi mamá, mi alma, blanca manta,
Emily, blanca, así ya ni canta,

Me agarra esta llama, campana,
Tic-tac, entran pensamientos, nostalgia,
Tres más, qué pesada la enseñanza,
Sin más, sigo, Virgen dame confianza

Vuelvo al vivo, aquí vivo,
Despavorido, mi instinto,
Me fui, parece sin sentido,
Y tres años después, que brío,

Saber que estaba en pleno mío,
Y me aparté, perdí tres por no ver,
O más bien pagué tres, para poder ser,
Detener el llover, amarte Mujer,

¿Qué habría sido de ser visto?
¿Si capitalizaba el estribo?
¿Con Emily y su modito?
¿Estando con Kate, sintiéndome vivo?

No puedo decir que no viví,
Veo el espejo, sonrío colibrí,
Pese a que fueron tres, ya ves,
Virgen me acompaña, calma, ella es…

Reach high and fly,
Say hi, hug her and cry,
My virgin, I love you, by far,
Take care of me, my star

To find her is my shine,
Don't let go of me, I will try,
Watch over me, dear bright,
Take me home, I'll promise to love!

Virgin, lead us to pray - Spanish

No desistamos nunca,
Así nos caiga la brea,
Nuestra fe es la única
que logra la tarea

Vamos guerreros,
Ser caballeros,
Es luchar pleno,
Por nuestro sueño

Que no bajen bandera,
Así nos digan ¡Fuera!
Es el grito de fuerza,
Mi vida es de ella

¡Vamos Guerreros!
¡Sed Caballeros!
¡Luchas por ellos!
Aún son nuevos…

Pero primero vuelen,
Eso sí, que no paren,
Ni un día la bajen,
Ella comanda base…

¡Vamos Guerreros!
¡Ángeles buenos!
Luchen contestos,
Sean estruendos,

El Underdog lidera,
Seguimos tierna senda,
Aguardamos su pena,
Valiente que libera

¡Luchen Guerreros!
Tal como perros
¡Luchen mis perras!
¡Santas Guerreras!

Es ella la que suelta,
Cascada que renueva,
Se sale de la brea,
Emerge mi princesa

¡Vamos Guerreros!
¡Luchen por ella!
¡Darla contentos!
¡Darla… por ella!

My virgin! So that they may say he did live! - Spanish

Recuerda siempre, ver lo bueno en el momento,
Mostrarte fuerte, y vulnerable, y contento
Sos barómetro, reflejas felicidad ciega
Y con tu cuerpo, apartas del camino la niebla

Eres familia, adentro late la-energía,
Eres vendimia, esparces libertad y vida,
Sí, eres real, no te olvides, hay que llorar,
Es que eres mar, tus olas esparcen el amar

Recuérdatelo, eres todo mi universo,
Camina lejos, para que llegues al eterno,
Eres triunfador, el servidor, el Ser que nos Vio
Eleva furor, ganador, ¡Digan que si vivió!

Servants of the Virgin - Spanish

Ponme ya en el campo de batalla,
Envíame adonde viven plagas,
Ponme en la línea de guerra,
Allí donde la oscuridad, reina

Envíame a luchar contra las sombras,
Despliégame junto a tus tropas,
No importa si es en un campo cruel,
Manda sin duda, lanza bandera fiel

Comándame, pero déjame lucha
Que del rincón más oscuro nos surja,
La luz redentora que nos impulsa,
Ya no queda ni un toque de culpa

Mis guerreros, pónganse todos rectos,
Marchen, mientras caen todos los cuervos,
Diez mil a derecha e izquierda,
Caen por una de esas reyertas,

Y triunfamos sin haber empezado,
Sin haber la tierra pisado,
Porque cuando ellos nos escucharon,
Lo supieron, ligero retiraron

Llegó el ejército de los reyes,
De los enamorados y sus leyes,
De los servidores, anhelando ser,
Sacrifico para volver a nacer,

Nos llegaron a tierra los invictos
Esos que a él son todos adictos,
Amor puro, con ese no se pudo,
Les bajó su muro, ya sin futuro

Se pusieron a marchar los despiertos,
Se pusieron de primeros, completos,
Son los mártires y todos sus cetros,
Vinieron a tomar tronos y suelos

Llegaron los que ya no le temen,
A dar la vida por su gente,
Que todos los sardos les tiemblen,
Y que fácil dejen su temple

Que bajen sus estandartes y cambien,
Porque si no, cuervos vendrán por carne,
Los primeros diez mil, cayeron, sangre,
Pues ustedes aún pueden salvarse

Todo está bien, la luz deja corcel
Siempre hay campo para nuevo pincel,
Para salir a buscarnos nueva piel,
Una bien oscura, que sea de fe

Liberen caballeros de una vez,
Salimos a buscarnos la oscura,
Y arrebatarle su hija pura,
Y convertirla en nuestra estrella

Que el negro sea nuestro tablero,
Mientras buscamos nueva querella,
Luchar bajo la nueva estrella,
¡A Enamorarnos otra vez! ¡De ella!

The arrival to Eden - Spanish

Ventana de amor,
Grito de gloria,
Sol de Dios,
Salto de euforia,

Tramo de amor,
Sol de mi Dios
Grito de gloria
Grito, ¡Euforia!

Triunfo de fé,
A ti te alabé
Canto de vida
Melodía corrida

Trompeta resuena,
Cañón que tiembla,
Llegamos sin pena
Esquivamos la hiena

Incluso en contienda,
Siguieron la senda,
Nos mostraron la marea
Que vuela cual estrella

Aprendí del pequeño,
Yo me creía su dueño,
Me enseñó que hasta negro
Guarda luz porque aún es tierno

Así lo logramos los dos,
Llegamos a la cuna de dios,
Se abre sin pena el señuelo,
Hemos llegado a nuestro pueblo

To our Brothers and Sisters - Spanish

¿Ahí la conocieron?
¿Escucharon su grito?
¡Díganme que La cogieron!
¡Por favor, un momentito!

Sientan con la virgencita,
Que broten dentro, sus rosas,
Suden lágrimas y sombras,
Nos vamos a la casita

Siento cerca mi familia,
Padres, ¿Qué pasa? ¿Dónde están?
Quiero abrazarles sin más
Interpretarles, pero ya

Que este sea motivo,
Que este sea de solo fe,
Que sea último hito,
Que este sea-mi destino

Me despierta solo su tez,
Me duerme ella a su vez,
Me mueve-a-amar infinito
Dime, ¿Te vienes conmigo?

Me murmuras un despido,
¿Tenemos también un nudo?
Eso aprendí contigo,
Mi libro también es tuyo

Dime que también estuvo,
Fausto dorado de llanto
A lo nuestro extrañando,
Decime que ya triunfamos

¿Cierto que no esperamos?
Juntos los dos, arriesgamos,
Para saborear un sueño,
Entregarnos al buen dueño

¿Acaso un privilegio?
Decir te amo, ¿Hermano?
Lo siento, cuando te canto,
Me recuerdas, somos santos

She is also here - Spanish

Esparce con finura la verdad,
Estrella de seguridad total,
Llena mi boca de toda bondad,
Una palabra suya, trae más

Mientras más fuerte, más me renueva,
Tierna costura, me truena fugaz,
Se deposita profunda, buena,
Repara mis faltas, solo ella

Solo la de ella, suena necia,
Heliconia bella, toda recia,
Intrépida, lista para guerra,
Si hay que luchar, manda sus fuerzas,

Pero si hay que amar, aferra,
Aún me acuerdo de su tronera,
Grado exacto de ligerezas,
Apenas abierta para verla,

Tan así, que aunque luego perdí,
Su coro ya siempre me contenta
Aún recuerdo, tierno colibrí,
Violeta yerba dispuesta pa' ti

Estrella, me hiciste descubrir
Que-existen fuera notas perfectas,
Lo que pasa es que se esconden,
Conservan capacidad, serenas,

Solicitamos de nuevo orden,
Por eso requerimos tu orbe,
Para que tiemblen fuerte las verdes,
Esas verdes cuerdas de soporte,

Haznos ver más allá del norte,
Ten comisión de nosotros, hombres,
Lanza con furor, temblor, y calor,
Ese brillo que despide canción

Que su tono y su nombre colmen,
De valor y de Dios, todo amor,
Para que volvamos a ser hombres,
Y que podamos hoy, ser compasión

Queremos escuchar de nuevo, sol,
Que canten los suelos en tu honor,
Escucharte de nuevo, con perdón,
¡Por fa! Danos una vez más, tu voz

We dream for you, our Lord - Spanish

Comanda tu legión, señor del todo y de todos,
Dirige la canción, carne de flores, nos sobran dos
Penetra nuestro core, que no pare nuestro corazón
Tenemos la suerte, para dar el salto del amor
Y es por ti señor, estamos al servicio de Dios

Queremos ser él, no nos dejes caer en tentación,
Nuestra luz se ve, cuando Jesús nos dice que ya fue,
Ya pasó mi voz, nos sobrepasamos a nuestro don,
Mi aliento servil, se une al grupo, ya sin fin,
Para ser uno, bien, toca fusionarnos al que es,

Nuestros límites son, quiero pensar que somos más que Yo
El amor es de dos, siempre habrá la luna y sol,
Los nutre el agua, sin ella no prende el farol,
Ella es la que canta, con fuerza fluye sin temor
Luego son más de dos, son tres para llegar el edén

Uno y dos son tres, pero yo siempre seré el tres,
Late dentro de mi ser, la sed que nos da de beber
La que me pone de pie, me arrodilla tus pies.
Pensamiento vuelve, y me encamina con mi deber,
Me da aliento de fe, para pasar el llanto cruel

Me saluda la luna, cruza valle de penumbra,
Con el cuerpo de él, lo cruzarás sin mirara a quién,
Cierra ojos para ver, que lo oscuro nunca fue,
Te resbala como miel, te ve, se postra a tus pies,
La oscuridad ya es, balón para darle puntapié

Mientras sigue, alumbra, nos borra toda la culpa,
Somos los ángeles, llevamos encima la bula,
Y luchamos ¡Chulpa!, van luchando, falta un tramo
Es entregarnos, y venturosos, la vida dando
Por el amor ganado, por el gran grito sagrado.

Ángel de cordura, recuerdas rey con su figura,
Me das valentía para desecharla oscura,
Me das victoria segura, todos se vuelven juegos
Porque son mis compañeros: ¡Se cumplirá el sueño!
Nuestro pendón y su amor, ¡No apagarán fuego!

Today is a new day - Spanish

Se desenvuelve el mundo ante mis ojos,
Pasadizos blancos, olores a tierra de osos
¿Qué es lo que siento, que me seca el aliento?
¿Es acaso el tío Walt, que me sigue con su cuento?

En sus melodías, él habla de esta alegoría
Se parece a Kavafis, reflexionando sus mares
Dejando que el día, entre con toda su alegría
Escuchando flores, brotan solo si no hay temores

¿Será posible que haya sido siempre tan fácil?
¿Tanto así, que solo requería incorporarse?
Como secreto hostil, que se revela y se torna servil
El mundo no tiene alternativa que revelarse feliz

Suenan los pasos, el tic-toc de sus abrazos,
Cae su peso, cual si fuera un abrazo,
Sueño confuso, se recuesta en su regazo
Truenan los clavos, cañones abren los pasos

Oh lord, we fight, we learn, we try - Spanish

Se nos hunde el barco, Zarpando, Cantando
Man down! Man down! Grita la sirena, ¡Blanco Nardo!
No de ese tipo, la que guía con canto
Police-like alarm, it's my system, it's crashing down
No veo su lado, cúbreme con tu manto
Que no me vean, en tu llaga estoy santo

Este Crash no es el primero, lo sabes bien
El pliego me sabe a miel, así vi tu sien
Escandalosa, como eres toda rosa,
Muéstrame vivo, una vez más, tu tino
Un vino tinto, mientras contemplo tu nido
Muéstrame el vídeo, contigo voy nimbo

En el primer Crash, todo se nos vuelve jazz
Eres sirena, ¡Rescátame de la brea!
Armonía agraz, músicos cantan: ¡Soy más!
Presuntuosos están, pero casan con el ¡Ya!
¡Ajá! Mi tierna sal, ¿Dime qué falta por dar?
Si la veo así, ¿Cómo no voy a crashear?

Segundo Crash, aquí ya volvemos a mirar
Campo jazmín y Ambar, corremos juntos ¡Ay ya!
Melocotón de Dios, nos unimos en canción
Mi sirena, ¡Soy yo! Entierro mi corazón
Estallido conjunto, sistemas de culto
¿Cómo no crashear, si eres todo mi pulso?

Tercer y último Crash, todo se va, al mar
Es que suena porque no hay más, police-like alarm
Fuerte como suena ella, ¿Por qué no centellea?
¡Nos hundimos, Capitán! ¿Alcanzo a llorar?
Nos van a matar, ¿Nos queda aún dignidad?
¡Suene la alarma! ¡Aún nos queda luchar!

Praying in time - Spanish

Revienta dentro de mí, no te alejes, mi chiquitín,
Perdona mi duda, es que dejé de comer mi fruta,
Pero creo en ti, caballito de flor de Liz,
Sé que fue lo que vi, el alfa y omega, es el fin,

Eternos escuderos, paladines y alabarderos,
Todos marchemos, nuestro propósito nos lleva al cielo,
Así nos movemos, en medio de luz y tinieblas,
Retornamos a ti, siempre de vuelta a servir

Escribo con ceño, domingo es para estar todos cuerdos,
Y es sin duda, nuestro día de escritura y cordura,
Llegamos hoy, día de tensión y de redención,
Te permite ser vos, mientras que a mí me deja ser más yo

It's not about winning; how could we miss it? It's all about being
Dassein is my feeling, soy un ser en el tiempo del Screening,
Throw oneself into relief, Volver a encontrar ese click
Aburridos siguen, Ya ni cantan, ¡Por Dios! ¡Es que solo… miren!

No nos rindamos, aún hay tiempo para cambiar, ¡Mi brother!
Depict one's character, into a good old romance, graphical novel,
Sincronizarse tarde, pero buscar el tiempono con su madre,
Vivir el momento, ¡Desechar el Handy! Volver al buen sueño,
Ya no me acuerdo, pues ahora soy un ser en el tiempo.

I find you, my Lord - Spanish

Quiero sentir tu amor mi Dios, mándalo así, sin ton
Tócame sin voz, escurre las lágrimas, ten compasión
Yo un pobre desdichado, que te siente aún, ahí,
Que recuerda que aún le amas, y te pide perdón, a ti

Se disculpa por dudar, por ofenderte y perecer,
Se descubre en la vida, así es, se quiere sacrificar
Es que ya no quiero pasar más, hay un cruel olvido,
Lo que quiero, servirte, Dios, solo por eso vivo,

Para que cuando alguna vez, yo perciba que no estés,
Sé que sin dudar será el día, en que ya no viviré,
Tu eres mi única vida, levántame fuerte después,
No dejes que me caiga, porque así la prueba la tomaré

Es la constante presión que duele y llora
Cúrame, cúrame, cúrame, el valiente implora
Es tu voz la que escucho, y por eso sin cuero me luzco,
Te amo, te amo, te amo, nunca te dejaré mi tierno hijo obtuso

Tengo amor para parar, eres tú, el ser que me vio albergándolo todo
Tengo amor, manantial de mar, Al nadar que oro luce y todo lucía
Tengo amor, héroe mago natal, Ni como contar todas las travesías
Tengo amor, mi familia soy yo, somos tú, somos él, ya somos todo.

The legion - Spanish

La vida que gira sentimiento
Lágrimas que siguen conmoviendo
El piano, un alma movimiento
Sonido, mientras exploto sueño

Líder de legión, Carlo diga yo
Dad la vida hoy, sastre no soy yo,
Cuentos de valor, Dígame que no,
Daremos temblor, único si no.

Vamos de prueba, santos en senda,
Fuera contienda, fruto de sepa
Cuelga futuro, rendirse niega
Truena seguro, sueña que nieva

Gracias Dios puro, Carlo yo lucho,
Toma consuelo, alma de mucho
Por Uds. Yo vivo, alma sin luego
Conciencia cuerpo, alma sin duelo

Yo no concibo, dejarme en olvido
Así vuelvo altivo, hago mi nido
Por suerte borré, i.g. te taché
Recuerdo canté, soy más que Sabé

Viva mi legión, Carlo diga yo,
Guerreros del amor, luz sobre canción,
Se abrazan las dos, nunca triunfa el yo,
Somos la legión, triunfa decision

To you, I write, one more time - Spanish

Es así que te escribo,
Una vez más, un ruido
Tanto amor terrenal,
¿no puede serme verdad?

A veces no veo a la tierra
Me confundo de marea
Me cuesta verla sin brea
Como si quisiera una prueba

Perdón, me escurres amor
Todo furor, ya no más señor
Y grito, sacando mi brillo
Todo clamor, vuelvo a ti señor

Lágrima renueva la tregua
Llama que alegra sin pena
El júbilo del vivo,
El sueño del divino

Es por ti que vinimos,
Así es, porque quisimos
Ni porque nos tocara,
Ni porque nos mandara

Cómo es que entonces,
¿Parecemos de bronce?
Olvidamos nuestros robles,
¿Ni perdonamos su roce?

Mantennos en fe,
Siempre mirando al horizonte,
Ábrenos los oídos,
Siempre escuchando el sonido

Suena el poderío su crío
Victoria y amor son de brío
Regocijo y pongo mi oido
Vuelve de nuevo el sonido

Sigan mis güeros
Guerreros eternos,
Den luz de consuelo
Gánense el suelo

Sigan montañas,
Muestren sus hazañas
Vulneren su capa,
Muestren su lava

No soy uno, ni dos
Somo todos en voz,
Parar no va con nos,
Luz llega hasta Dios

Brilla mi luna,
Muestra diurna,
Invade nocturna,
Abrázame luna

Explota, verdad,
Suelta un ¡Que va!
Célula de mar,
Muestranos tu verdad

Suéltalo, va
Queda uno más,
Vida de atrás,
Franquéalo ya,

No existe derrota,
No olvidemos la roca,
Solo con una brota,
El susurro y su gota.

Una palabrota,
Sale una nota,
Llueve una estrofa
Todo vuelve rosa

Necesito una,
Ya no más esgrima
Requerimos una,
Vislumbramos cima

Somos la legión,
Recuerden mi voz,
Poetas de amor,
Guerreros en flor

Armazón de sol
Escuderos de Dios,
Enviados de Zion,
Que nunca nadie venció

Finland 93HI01

Let me feel the fear
This has to be real.
Do I wanna fight?
Should I really strike?

When I am most doomed
Abandoned and wombed,
Heart all torn, intombed
Is the soul renewed?

To cry and forgive
My virgin is dear,
She bursts and shouts clear,
The impulse of life!

The lord of the shines,
The freedom kicks in,
The fight has been won,
No longer alone!

The lord is to guide,
My freedom, provide,
And to rest in time,
My breath is my pride!

Cry at its strongest!
Loud at its furthest!
Should we keep clinging?
Will we keep stomping?

And then stoop living?
Ney! We're glistening!
Light may be timid!
But, oh, it's vivid!!!

I choose to serve God - Spanish

Ah mi tierra, cómo la extraño
Ah libertad, por ti luchamos,
Somos caballeros alados,
Vamos! Momento de-entregarnos
Es el gran momento esperado
Viva la vida y lo sagrado

San Antonio nos regala,
Espada llena de braza.
Para quemar a la bala,
Y Llenarnos de toda gracia
¿Cómo es que ustedes no lo ven?
¡Ya triunfamos! Nada que hacer

El insomnio me dice "yes"
Taquicardia me hace ver,
Gringolandia no va a ser
Peor Alemania, ¡No, sir!
Entonces adónde voy, Lord?
Mi corazón me dice: Go home!

Arrojo este caparazón,
La capa del ego soy yo,
Miedo disfrazado de razón,
Esta noche no soy sordo,
No más, doctorado cojo,
Escojo servir a mi antojo

La noche me recuerda-a Dios
Y cómo la vida me dio.
No puedo desperdiciarla
No trabajo pa' botarla
A-este trabajo digo, ¡No!
Escojo servirle a Dios

Chao, todo lo que no soy
Intelectualidad… no voy
Ya no le juego al temblor.
No pretendo seguir sin voz
Mi cuerpo me regala hoy,
Excusa de servicio a Dios

Inevitable recuerdo,
De ese primer trabajo feo,
Aceptándolo… contento
Como un precio de consuelo
De no perseguir los sueños,
Me domaron con un sueldo

Hoy Dios me da un obsequio,
Un día de estrés incierto
En la noche ya no duermo,
Fuerte dolor en el pecho,
Trato de dormir, ¡No puedo!
Ni respirando, contengo…

Me trato de dormir, calma…
Nada que lo logro… ¡Vaya!
Duro media hora…. ¡Nada!

Ya no puedo más… ¿Qué pasa?
Miro el reloj, son las cuatro
Llevo sin dormir, un rato

Acepto que esto no es malo,
¿Por qué me duele tanto?
Mi pecho late con llanto
Tengo que recordar algo…
Llevo sin dormir, un rato
No, hay un mensaje claro

Y yo quiero escucharlo.
¡Hora de hacer flexiones!
Una de mis aficiones
Me hago trescientos cañones
Se calman mis pulsaciones.
Al menos por un momento…

Suficiente para parar,
Sacar mi laptop y pensar.
¿Por qué es que ya no duermo más?
¿Será que me puedo salvar?
¿De una vida de esclavo mal?
Ya no más, tengo que cambiar

Por mi virgen de Soracá,
Tengo que decidirme ya.
Decido vivir para amar.
Decido: Voy a renunciar
Pero esta vez va en serio
Ya no es como el primer cuento

En esa ONG… tenso
Debí renunciar primero
Desde el primer día… ¡Cierto!
Porque ese no era mi sueño.
Renuncié muy tarde, pero
Ahora lo vivo de nuevo.

Estoy renunciando… lento
Eso no es lo que yo quiero.
Me quiero ir ya, cruzar el mar
Quiero aprender a amar.
Pero fuera de la ciudad.
Sin esclavos de la verdad.

Hay veces que toca correr,
Porque si no, llega la sed,
El miedo de llegar a ser.
La noche me recuerda bien,
Que puedo elegir también.
Por eso hay que ser rápido

Hoy, he decidido, sabio
Decido no ser esclavo
Chao Tobi, y sus reclamos
Jerarquías… ¡Bah! Abajo
Ya no sigo el doctorado

¡También digo no al canto!
Ni Canto pa' los esclavos,
Ni canto para los amos.

Tocó revolucionarnos.
Fuera las redes sociales,
Fuente para dominarles.

Me niego a usar los cables,
¡Teléfonos desechables!
Pues nos han hecho cobardes.
Mis músicos… ¡Levántense!
¡No se vendan al descarte!
No finjan más el semblante.

Nos corresponde ser grandes,
En medio de todo… canten
Pero no para que los graben.
Digan: ¡Chao Redes sociales!
¡Chao ego y sus secuaces!

SI ellos pueden, yo puedo
Hoy renuncio al señuelo,
Y le agradezco a mi cuerpo,
La excusa de ser honesto.
Señores… hoy no voy a su encuentro
Prefiero seguir mi sueño

He decidido ser cuerdo,
La universidad es juego.
Le llaman conocimiento,
En realidad es secuestro.
Ya no comulgo con esto.
Nuevamente me recuerdo…

Deshecho todo lo feo,
Decido vivirme pleno,
Hace cinco años… miedo
Aún esta noche… fuego
Pero hoy… sin dormir… ya veo
Es la hora de ser bueno.

El tema es: El buen vivir,
Me entusiasma, pero es servil.
Sirve a muchos como excusa
Para trabajar y fingir,
Y decir que la academia,
Contribuye a ser feliz.

En algunos tal vez sea así,
En mi caso, no soy servil
Ya no puedo así seguir.
Tengo que de verdad, ¡servir!
Mi camino, no está aquí
Entregaré mi compu… ¡Si!

Pero ninguna palabra,
Regalaré a su causa.
No necesito una excusa,
Mi cuerpo me ha dado una.
No voy, ¡pues soy camino dos!
¡Escojo servirle a Dios!

Hope

Marching song

I hear the birds humming
While Heart, oh keep playing
I hear the wind glooming
My eyes, they are saying

The quietness of night prevails,
Silence becomes my old friend
The future becomes a distant door,
So, the past, and entrenched old road

Thoughts now take over,
It floods an eye crawler,
You are here, you are now
Yes, my love, you think over

Are we sinking or bumping?
How can a page do the cleaning?
And then, hummingbird singing,
Oh I am here, I am ringing

Wake up, the river is bold
Try a Smile, green is not gone,
Listen, the purple is love,
So now, you can go, please sleep on.

We all sing as one Earth

When that moment comes, to test all them words
All which contain a thousand feelings per letters,
I need you to be sure, that not only gladly,
But forgivingly and honorably
But most importantly, also lovely,
I'll always keep you, deep in my prayers

All my breaths and stops, all my dreams and all,
All the ones I love, all the friends I know,
My enemies, my beliefs, and failures,
Them determinations, and all pleasures,
Nothing but my tears, my laughs, and my hugs,
I'll offer them all, for guardians of love

And I shall keep them strong, ready to yawp
For all them moments, that I get to offer,
During which they'll call us wrong, get ready son,
Regardless of how weird, oh it may seem
Run away from a desolated tear
Watch out when the stranger wants to crumble,

No mercy for darkness and its lawyers
Keep your friends closer, know that you love them
Keep your line tougher, when night comes crawling
With all its moments, its drifts and mocking,
The one and only, give yourself knowing
When you doubt the near, check for the holy,

So comes your angel, to guard you further
I'll always be here, loving you, wholly
I'll always be thinking, yes thoroughly
So that you wake up, and try to fly high
Fetching much higher, crying much louder

So have your guard low, only then you'll know,
Eight billion is one, and one is your all
your soul never small, be reminded of that,
Buen viento y mar, Trust always your shine,
¡Digo Adios a mis compañeros de sal!

For my brothers and sisters of Earth

All I want is to protect you all,
Hover my love and never hesitate at all,
No exception, all my connection
Extend my whole, for I hope that you see my soul

And I do hope, that we are no more,
Only then can we see what is hiding beneath
Only through curtains we get to see,
That without our difference, this love is not real

I long that we have opposing views,
Perhaps if we're lucky, we won't like each other
Only then can we say they're real tears,
Then our love is complete and ready to suffer

I hope that you get to insult me,
Bring me to tears, go on and humiliate me,
Brothers, I need this, don't you get it?
Direct them to me, your disdainful eyes, and see

Only then I'll show you what I want,
Only through tears, do I get to show you my lit
That when the moment comes, I won't daunt
Is there truly another way to go on, without quit?

Oh, I hope you understand, dear lot
That it was just unconsciousness of me and you,
Can you forgive us, one, two, three, four?
Four moments and more, I know there are more to come

If you find it in yourselves, dear friends,
You'll know my forgiving of all them words as well,
And I'll say thanks, as I get to give
For now, I have finally something to forgive

Thanks to you, I prove myself to him,
Or rather get to prove that we're there for you,
Is depression tearing you in two?
Just tell me what bothers you, together we'll win

How can you feel sad and down right now?
Dig deep, let us feel and be kings, forever be
Anger and rage, melt them coz they're snow
Now you can unload all of that on me, no fee

All your burdens I take them gladly
How could I not? What type of man would that make me?
Is help still denied, these days, sadly?
Don't you worry coz now I long and pray for thee

So that one day you accept this fate
And get to receive my thanks, along with my praise
Then you'll climb the peak and receive Great!
And take as well, all the love I place here for grace

Lie down and enjoy, I won't impose
Nor will I require for you to love me back,
Disrespect I no longer oppose,
Coz brothers we're one, we have won and now we fly!

Rambling thoughts inside of a Hamburg dorm

In isolation, I felt consolation
Windy is now my own determination
I opened a page, my mind felt ablaze
Perhaps not in a train, I catch my own pace

Can we feel more than we intend to?
Easy it travels, like a flake is now free
Gray it turns, but black is now its shoe
Try it, my fellow and well-damned spree

Hearing your laugh, makes ice melt in wine
Watching your smile, invites me on a cheesy try
Stay there, don't move a cent of your shine
You've made my dye, make it dear as bright

The frequency of the vibe has turned me aside,
The storms call a wolf, but soon oh my love!
The fight lets you know, oh now you're my dove
The dreams open the cloud, oh God we're alive

Gotta remember this moment of water

Look at me in the eyes
Taste, my tears run assault
Pierce, through water and salt
Focus but do no-ot stop,
Go from my frowni-ing front

See through my angering flag
Trembling and shaking alike
Chanting and screaming in time
Yawping, victorious and fierce,
Loving for how many years?
Willing my sound now coheres

Feel the immortality soul,
Be the God presence in core,
Fight for one honor and go
Long so this life and your life,
give for the one and the whole,
Here are the foes now alike,

We are no longer alone
We are the presence and source
Make them look out through the window,
Make them greet green and Cabildo,

It is with calm that we cry,
There is no black, but now light,
Here now we vanquish and fight,
We're alive, we're alive, we're alive!!!

A joyful week and it's ours

Join me in the clap,
Do it with your heart,
Do you need a tap?
Do it for the Arrr

God know what's enough,
It's published with love,
Have them read it all,
We don't need no more,

If we get the prize,
Get your new disguise,
And join me with clap,
And clap with whole heart,

All we want is shine,
That leads us through dark,
Never leads our side,
Forever in time,

Please, clap one more time,
This time, with all heart
Look deep in their eye,
Rejoice in their smile,

It's love that drives
Her touch is what writes
Honor hers as mine
Three faces alike,

Clap with all you've got
As if you were told,
Suddenly you're God
God is all, we're on!

Don't forget to clap
Do it for his sight
It is his one sign
He wants clapping high,

Now please, Clap, clap, clap!
Put in all your heart!
Get her tender star
Love her with your laugh!

For hope and all its core

My hope is growing stronger
After each challenge,
My strength keeps going further,
I discover new limits,
While covering the prayer,
Making sure it's the layer,

I get hurt; do they mean it?
Don't get it, who's their master?
Based on what, do they torch it?
Did I already hurt them?
Is that why they don't follow?
Is it me or them? Sorrow?

If I give them my number,
Was waiting for their calling,
Instead, they left me hanging
Expecting me to hold it?
Their rage and disappointment?
Should I just unfollow them?

I seriously don't get it
Why would someone act knowing,
There's no reciprocity
Expressing all their hurting?
Don't know their velocity,
Disgusted at their showing.

Why not just saying they're hurt?
Then talk it over, it's done
But no, hiding is better,
Shoot their leather, bring them all!
I feel boom inside my whole,
I'd push them into the hole,

Keep their soul, keep them afloat,
Coz they don't know what is love,
Is that why they destroy it?
Have they really lost all hope?
If I have it, should I go?
Maybe it's my time to love?

About them screens

So hard to live,
When I see my friends, steer
So hard to stay,
If they don't want to name,
The one thing keeping them awake

So hard to see,
If we're all hypnotized like this,
Only few fighting dice,
Others suffering every night

How to connect,
I feel I'm the only one there,
Who's wiling to suffer in love,
Willing to give my life for y'all

Gotta find a way,
To be myself and still convey,
Be me, while I look at your face,
Tell you all, I hope you're my friends,

Yes, we will make,
We will make this in the end,
Strengths of our taste,
Our tears melt in all but one ablaze

We dictate the course of our faith,
Coz we all know that in the end,
It's love and nothing, nothing else,
That will have the last word of strength!

We gotta be better than this

It lies there! It's the promise of a better care!

And it's not the computer, our better future
Grandpa tell us, how it will be, how we will steer
Us kids, we'll sit and listen to elders again,
It lies there! All the clocks mark, and all the woods crack

The door slams! And the pages of all the books sound!
The voice mutters! Then it whispers while the fair plunder!
As Quietness shows, the way back to our great old door!
All certain! A new world will soon be woven

And it's there! A prayer for the thread of our Earth
It's fair! The layer of truth now shows us all good,
It's impossible that something that is so blue,
Doesn't come from anywhere but our own god's shoe

Hail there! Now I prepare myself for our new Earth
It will come! My friend! Though it may be a new road,
Words sound the same! But you will notice they have changed
The city will no longer be our own prison

Be patient there! The new world is coming today,
Imagine all! If you need help, someone will come,
It's the new world! Imagine we're all friends of hope
Nine billion friends! Every single one hears your call!

The streets will fade! All the cars vow to our own jade
We have won fair! The jade of everyone awake,
Time to depart! For once, and never to be back,
This is our time! For the ones who want love and life!

Never mind! It's few of us. Will they understand?
Yeh my bro! Warriors and sailors are now on course!
Don't lose hope! Straighten the rope, wind blows on our cause
We depart afloat! Against all, we'll never stop! Now Yawp! Y'all! Yawp!

An animating presence within

Ridding and sitting,
The metro kept singing,
Fading without smiling,
Without why and its timing

Don't wanna know,
Not trying to throw,
However, I do grow,
My mind is in stow

Real is now near
Becomes a game from the rear,
Arising from my joy
Within the now and my toy

Soraca hails low,
From the words coming home,
Measurement stone,
Planten stomping blow

Not gonna stop,
My smile is now my yawp,
The winner of my soul,
Universe is plop

There and everywhere
Snow writing herself,
Hence now in the air
Light's crawling itself

Studying a PhD in August's Vienna

Today I went to the hospital,
I questioned my whole life in total,
Why am I here? Am I really here?
So I look out the window and breath

Austria, Austria, Austria, what's the lesson to hear?
Why can't I find the purpose of this?
Suddenly can't remember the wish,
When did it start? Did I really dream?

God! How did I end up in this wheel?
Perhaps I should listen to the leaves
How is that I started running,
And ended up in here, just writing?

I have to force myself to write slow,
This PhD makes me lose my thoughts,
Doesn't feel natural anymore,
Though looks like I'm not in this alone

There are more students to this journey,
Most of them too seemed to have suffered,
Write fast, think fast, answer fast, be fast,
While missing all the meanings of life,

Worst of all, not accomplishing much,
I say: No! from the core of my soul,
Maybe it's time for me to enjoy
And savor its letter to its crust

Time to follow my dreams, never stop
Fill this paper with tears, Yes! All slow
So to write again, this time to serve,
I'll risk every name, just tell me where!

Revolution - Spanish

Yacen escondidos entre montañas
Escabulléndose por amplios cauces,
Entre los rayos y trenes tronando
Como siempre una sonrisa esbozando.

Con cada respiración, emitiendo fulgor
Emitiendo indignación, y desaprobación
Enfrentando sin temor, al mismo dolor,
Con el pecho y su cara, en alto al señor.

Son pocos, los que con cruz a sus espaldas
Encaran esta cruda y cruel realidad
Cuando la vida, les da 1000 razones para llorar.
Ellos le muestran 1001 razones para ser feliz.

Indescriptible sensación al transitar,
Al caminar, al observar y al escuchar.
Al ver amargadas y desgarradas vidas
Que por la calle deambulan todos los días.

Mis ojos se entristecen,
Mi corazón se arruga,
Mi piel se estremece,
Necesito una fuga

Un rostro arrugado y mal encarado,
Cuerpo magullado y atemorizado,
Una mirada de sufrimiento y dolor,

No sé cómo, pero tiene algo de amor.

Ese mismo amor, que fue el que nos concibió
Del que parece que el mundo se olvidó,
Es esa que nos recuerda con fuerza,
Esa es, la señora naturaleza,

Tanta majestuosidad, tanta belleza
Si es de amor, aquí más abundancia,
Una visita, te llena de esperanza.
Y te rocía con su dulce fragancia.

Me carcome verlos talados, caídos,
Almas destrozadas, ansiando redención
Por eso nos urge, nos lo pide a gritos
Ella nos llama, a una gran revolución.

Don't get lost, Little birds - Spanish

¿Qué es lo que hemos hecho tan mal?
¿Cuántos pajaritos han sido ya?
Daga que rasga mi vientre,
Un inocente que muere

¿Cuándo, pues, fue que nos desviamos?
¿En qué momento nos acabamos?
Escogemos en dolor, aislarnos
Y cantan aún, cuando pasamos

Como quien no se da cuenta,
Como quien cierra la puerta,
Prefiere evitar prueba,
Prefiere su tierna celda,

Apaciguan luciérnagas,
Nos perdonan las estrellas,
La melodía de hojas,
Ulular de las estrofas,

¿Ellos aún nos tienen fe?
¿Aunque nos corrompió la miel?
Sí, y nos abrazan también,
Despertamos, ¿Pero por quién?

Pero no es quién, es un qué,
Sentimos, no vemos qué es,
Recapacitamos en ser,
Ellos nos cantan con café

Su pureza nos renueva,
Hermano sol, luna llena
Vida plena, no más cueva,
Suena mi lucha, mi senda,

Bendíganme esta tesis,
Pongan linterna en tierra
Denme ya lucha eterna,
¡No me dejen colgar tennis!

Stubborn hope - Spanish

¿Qué nos ha pasado? ¿Por qué ya no cuidamos de los abuelos?
¿Qué fuerza nos ha tomado? ¿Por qué no dialogamos con ellos?
Hay algunos buenos, pero ¿Cuándo será que despertaremos?
¿Habrá alguna esperanza para nosotros los jóvenes?

¿Qué es lo que nos domina para que nos rindamos a sus pies?
¿El ego, el miedo de ser? Desperdiciándonos todos en red,
Ya solo entendemos la lógica del Instagram y del Face,
¿En qué momento es que nos perdimos de una forma tan cruel?

Aún se puede sonreír, Víctor Frankl nos muestra cómo vivir,
Él, que decidió sufrir, antes que morir en vida, sin revés,
Y vivir bien, honrando a los que nos criaron alguna vez,
De él tenemos que aprender, ni un minuto más, a pretender

Un Buah para los que no quieren ni pueden creer, sin antes ver,
Nos cansamos de sus logros, todas sus cadenas de elogios,
¡Acompáñenme, madres! Dejen de fallarle-a sus estudiantes,
¡Desechen esos cables! ¡A la basura todas esas Tablets!

¡A la basura los agentes del Yugo! ¡Esos celulares!
Nos llamarán radicales, nos dirán que somos el desastre,
Preferirían juglares, para que hablen sin alterarles,
Pero somos jóvenes, ¡El Papa nos comandó de redentores!

Así que golpéale, ¡Yes! A la eme, ¡Pútrido Internet!
¡A la basura cuatro Ge! ¡Préndanle fuego! No es un juego,
Nos cansamos de grises, virtual, device, AI, préndanle fuego,
No importa si ellos nos dicen que tiene algo de bueno,

Y si les increpan luego: ¿Cómo no piensan? Niños de Ciencia,
Díganles que hasta los amantes del cine tienen consciencia,
¡Ténganles compasión! Hasta ellos tienen algo de corazón,
Eso sí, nunca dejen de desecharles ¡Ese Televisor!

Pero si llegan ellos, y nos dicen a todos que paremos,
Ángeles guerreros, pacientes y persistentes, ¡Les creemos!
Ha llegado el momento, esperanza de un nuevo sueño,
¡Levanten sus estandartes! ¡Paramos por ustedes los viejos!

Por favor, mi gente, ¡ya no más! No descuidemos a los viejos,
¡Ni residencias ni qué cuentos! En nuestro hogar, siempre cabrás,
Abuelos, abuelas, ¡Canten ya! Un hogar aquí siempre tendrán.
¡No importa su enfermedad! ¡Aquí siempre se les cuidará!

Queridos, solos nunca-estarán

Que ni un día coman solos, Que ni cocinen silenciosos,
Que siempre tengan un oído, Que les escuche sus corridos,
Que acompañe su sentido, Que lo sepan: Estoy contigo
Y si ven a uno solito, Aunque no sea su-abuelito

¡Carajo! ¡Acompañen, tíos!

Que mercar sea siempre bonito, porque así salga solito,
Alguien verá al abuelito, y así ya tenga su cita,
ya yendo con todo y prisa, Parará, y claro, le dirá:
¡Diga no más! ¿Qué necesita? ¡Le escucharé todas sus citas!

¡Cuente todas sus travesías!

Escúchenle hasta el temple, Hasta que los dos tengan quiebre,
Una, dos, tres horas de cuente. Serán ustedes de repente,
Porque su energía, viva, Bien llena de sabiduría,
Es amor puro, bien consciente. Su entrega es compasiva,

¡Generosa! ¡Es la de héroes!

Viéndolos a ellos, contentos, ellos reflejan nuestro pueblo.
Los ojos de nuestros abuelos, Si los tratamos con incienso,
con respeto-y amor perpetuo, ¡Amigos! ¡Seremos eternos!
¡Gritemos! ¡Ángeles Guerreros! ¡Nuestra salvación está bien cerca!

¡El secreto son los abuelos!

Abuelita, me llevo tu bondad
Tu ternura, tu compasión y tu caridad,
Me llevo tu espíritu de vida, el arte del dar,
Tu corazón sin igual, estrella para amar

Gracias a ti, aprendimos de nuevo a perdonar,
Gracias por tu luz, guerrera en medio de tempestad,
Tu rayo hace que todos nos convirtamos en mar,
Así nos damos cuenta, por fin de la verdad

Somos agua, luz y santidad, todos podemos amar,
Así ya no existe tempestad, solo hay una señal,
La señal pura y mordaz, la llama viva central,
La que indica que siempre habrá continuidad

Por ti, abuelita, sabemos que todo es ulular
El ulular del viento, a veces fuerte como un huracán,
Que cuando escucha "Judith," mezclado con sal,
Se convierte en un bonito espectáculo, ¿verdad?

Por ti, sabemos la verdad de la tempestad y el huracán,
Que todo lo que dicen de la vida está mal,
Porque tu sonrisa, de aquí en adelante, por siempre recordará
Somos eternos, y nunca, nunca, ¡¡Pararemos de amar!!

Short poem to life - Spanish

Despierta nuestra fragilidad,
Ilumina nuestra lealtad
Bríndanos valentía
Quiero vivir, solo así mi vida

Toda mi vida, quiero vivir amando
Darme cada día, una oportunidad de volver a ser amable
Tengo un deseo y carga, de hacerlo gritando en grande
Solo así permanezco vivo, grito interminable, esperanza inefable

Lumi, Snow - Spanish

Blanco, me pone a volar y saborear
Una flauta suena y muchas llegan a pasear,
Cae como si fuera energía divina
Nos motiva para llegar a la preciada cima

Blanco, blanco, valkoinen, valkoista, lumi on kumma
Verde, verde, vihrea, sininen, aurinko on lumea
Me recogijo en su abrazadora luz y alegría
El canto de los niños ese vuelve una melodía

Cae como si siempre hubiera caído,
Se posa como si siempre se hubiera posado,
Pasa el terreno incauto, no ve que ya se ha ido,
Se detiene el humilde pájaro, ese no se pierde el espectáculo

Mira, juega, revuelca, tírate, nada, cáete y sueña
No dejes que este día se escape de tu alma,
Pues solo existe uno, antes que se lo lleve la cigüeña
Sonríe, hoy como mañana y siempre, corazón de calma

Regalo de Dios, te recuerda dónde es que está el amor,
Fíjate bien, y agáchate a respirar sin temor
Deja que el miedo haga combustión con tu pasión,
Así sabrás que la luz se alimenta ahora del dolor.

7 months in Helsinki - Spanish

Parece como si fuera el final,
Pero se manifiesta como un comienzo
Lo siento, miro de nuevo el lienzo,
Parece que ya no da más, da igual

Han pasado siete meses desde que llegué
Siete vacaciones, y siete tribulaciones
Llega la culpa del cómo es que antes no empecé
Siete corazones y siete montones

¿Y si cuento las veces que me di a la pereza?
¿Qué rica esa frambuesa, aunque nunca toqué esa belleza?
¿Cuántas tardes pasé y no lo realicé?
¿Hablaré finlandés perfecto, o mejor nunca lo sabré?

Difícil olvidar cuando se quiere andar
Tratamos de curar, buscando olvidar
Olvidando que amar, requiere no olvidar
¿Es así como quiero vivir, sin más, y a la mar?

Entran reflexiones de ahora, espejo de carne de mora
Dolor de cabeza, parece que ya no da tregua,
Parecía corona, así dijo, qué va, eso no tiene sentido
Finlandia nos dio el camino, y una cariñosa bofetada consigo.

Triumph - Spanish

Ora quiero que me abraces,
Como sol, gatito amable
Vulnerable en un instante
Vivir siempre con semblante

¿Como no? Aquí todos nos amamos
¿Cómo no? Si los veo por las calles
Les conté mis cien secretos,
Esperándolos a ellos

¿Cómo es? Así, queriendo,
¿Así es? Sigo dudando
¿Sígueme? Aquí conmigo
¿Pero no? Sigo pensando

Me perdonas mi derrota,
Me cuestiono, es mi cuota
Me mantengo, es su boca
Me camino, ya soy roca

Necesito una señal, llamarada fugaz
Es que así no puedo más, no quiero esperar más
Despiértame mamá, di que duerma, y, recuerde
Renuévame papá, dame tiempo que concuerde

De aquí, fino a muerte material
Solo queda, demostrarte que soy más,
General, General, ice usted al mar
Triunfamos, triunfamos, viva el zar

First poem to the Viennese forest - Spanish

Corro a través del bosque Vienés,
El sol pega duro, me muevo al son de su tez
¿Es que no lo ves? Está Dios quitando el estrés
Y me dejo absorber, por su guitarra y su piel

Hace dos meses que llegué, es mi segunda vez,
Mi segunda vez en el famoso bosque vienés,
Mientras los árboles regocijan y saludan,
Todo mientras sudas, comienza a caer la lluvia

Replenifica, vuelca, tumba, quiero la vida
Troto fuerte, me pierdo alegre, le sonrío al día
¡Ay que bonito día! Pa' compartir en familia,
Imagino a papá, mamá, estando con sonrisa

Ahí está también mi hermano, su abrazo de despedida,
Trato de agarrar su mano, pero no tiene vida,
Estoy acá, lejos de sus abrazos, y de sus días,
Olores y rocas, me curan llenando de amores

Me tranquilizan, me llevan al estado de calma,
Estoy con Dios, en mi salsa, y el bosque me sana,
Ya no hay más rabia, el miedo se torna en esperanza
Sueño con playa, las hojas y arena, son mi casa

Arena de suerte, expide un verde que convierte
Bosque de siempre, el triunfo de nosotros alegres,
No temremos la muerte, Dios está con nuestra suerte,
No tengan estrés, por eso existe el Bosque Vienés

God, give me some guidance, please - Spanish

Dame valentía para servir a mis hermanos,
Servirles en cuantía, saboreando su sonrisa
Que se junten los esclavos, que digan: ¡Ya no estamos!
Ya tenemos guía, solo a Dios en nuestra vía

No soy perfecto, tampoco del sistema soy siervo,
Me disculpo por no ser honesto, siempre contento,
Soy feliz pero no estoy contento, injusto sueño,
Necesitamos una revolución para el pueblo
Por otro lado, tengo que aprender a agradecer,
Pedir disculpas y ver, poder disfrutar del ser,
El paso del tiempo, transforma las acciones en fe
Enseñándonos que hay algo más allá del: "Yo sé"

Quiero que mis días sean más, para poderles cantar,
Díganme dónde es que están, los despiertos, libres de afán,
A ellos mi humildad, para así poder ya decidir,
En dónde es que tengo que ponerme para servir

¿Austria? ¿Colombia? África? ¿Dónde se requiere de mí?
Díganme rápido, porque estoy que ya no me aguanto
Agradezco y me arrepiento, sigo buscando fuego,
¡Pero sigo buscando la llama de nuestros sueños!

It's Friday night in Vienna and there's no one to go out with - Spanish

Me gustaría saber por qué somos tan seguros
Nos preocupamos solamente por lo de uno
Como si hubiéramos nacido sin un segundo
A saber que no estamos solos en este mundo

Veo a mis compañeros, solos en su cuarto,
Sé que están ahí porque tienen la luz prendida,
Todos pretendiendo, que así están bien con su vida
Sin embargo, nadie quiere asomarse al lado

En qué momento nos tornamos tan solapados
Es el sistema, ¿el que nos tiene alienados?
¿En serio ya no podemos elegir ser feliz?
Difícil si nos mantenemos siempre encerrados

Sobre todo, si ni buscamos al vecino
Peor en el 31, nadie dice pío
Ni para hablar, ni para cocinar, ni pa' parchar
¿Cómo esperan no estar deprimidos, llenos de cal?

Pues ya no más, si no quieren, no los voy a obligar,
Salgo de mi cuarto, mi fiesta me voy a buscar
Bajo al primer piso, y salgo del edificio
Fuera la soledad, encontraré otro vicio

¡Y preciso, resulta que fue con un Egipcio!
¡Ahí lo diviso! He ahí un vecino ejemplar
Me acerco y le abrazo sin si quiera preguntar
Es un guardia de turno, del banco un Guachimán

En un 31, el sí tiene que trabajar
Mientras los otros, supuestamente a celebrar
¿Cuál verdad? Si los otros ni si quiera se inmutan
Deprimidos y ansiosos, pero ni se la sudan

En Alemania aparentemente esto es normal,
Pasar un treintaiuno solo, nada que tomar
Ya no es pandemia, así que ya no me voy a dejar
Y en medo del abrazo, alcanzo a divisar

Le agradezco al egipcio, mil gracias por su bondad
Me torno a mi edificio, y veo que hay fiesta ya
Pero es privada, ¡ha! ¡Ténganse! Porque esto no va…
Subo a mi piso, donde están todos mis vecinos.

A todos les aviso, ¡Fiesta en el tercer piso!
Corro a mi cuarto por botella de vino,
Solo baja Ana, la que besé, gregoriana
Entramos, me colo en la fiesta como si nada

Triunfamos, me hago amigo de todos, somos pocos
Hasta mi amiga Ana, queda impresionada,
Pero al cabo de un rato, no encuentro más locos
Me empiezo a aburrir, Ana ya se quiere ir a casa
Ahí me doy cuenta al mirarles a los ojos,
Tanto a Ana, como a los vecinos, todos rojos
No por borrachos, es que sienten bien solos
Pero sin aceptar que necesitan de otros,

Les digo no, a ellos, a Ana, y, a todos
Pero doy gracias por incluirnos en su coro,
Veo que muy dentro, aún se sienten muy solos,
No hay beso para Ana, ni sauldo pa' panas

Me devuelvo a mi cuarto, contemplando las rocas
Que ahora son mi pared, me recuerdan las horas,
De aquí tengo que salir, tengo decidir
No quiero vivir más con los depresivos aquí…

¿No es la vía? Pues lucharemos por otro lado
Seremos el amor, venceremos con las manos
Le extenderemos siempre nuestra mano a un extraño
Para nosotros ya no es cool, el ser uraño

Four months studying a PhD in Vienna, and now it's October - Spanish

Han sido cuatro meses en esta ciudad,
¿Cómo pueden vivir con tanta soledad?
Parece más tiempo, al menos para mí,
Es verdad, hay buena seguridad,
Pero no me explico cómo viven así.
Tenía que llegar aquí para descubrir,
Que toca agradecer y no perder la fe.
Para saber en dónde le va a uno bien,
Toca bajarse del carro e ir a pie,
Escuchando el corazón, se puede entender.

Que la vida no se vive a mil, ni a cien
Se disfruta a paso lento y severo,
Siempre aceptando el misterio, mirando al cielo,
Por favor, no sean como el Vienés serio,
Montado en su tranvía, perdiendo tiempo,
Mirando el teléfono, Instagram puesto,
Mientras la vida les pasa por el miedo,
Me niego a vivir como lo hacen ellos,
No quiero ser ajeno al aire nuevo,
No existe el introvertido verdadero,

El ser humano es para ser señuelo,
Hablar con extraños, sonreír a creces,
Amabilidad al hermano, diez veces.
Así sea un mal día, no dejes tu vía
Siempre hay razón pa' sonreír a la vida.

Y por eso es que no entiendo su tristeza,
Pero de su origen si me doy cuenta,
Pues yo la he sentido demasiado cerca.
El alma la puedes ignorar, no acabar
Ella de dice: ¡Deja ese celular!

Puedes decírtelo mil veces sin parar,
"La tecnología no es mala, cuento de azar"
"Necesitamos redes, eso no está mal"
"Por medio de Instagram podemos luchar"
Pues solo tu corazón sabe la verdad
De por qué sientes esta fuerte soledad.
Trata un día genuinamente de observar,
Las personas que transitan, ¿Cómo es su andar?
¿Ves que alguna camina, sin su celular?
¿Cuántos viven su vida para los demás?

¿Cuántos sonríen? ¿Cuántos hablan y ríen?
Por supuesto que no se trata de juzgar,
Pues solo basta con llegarte a preguntar,
¿Cuántos de los que ves, si quieren ser libres?
Levantan tu mano: ¡Todos somos santos!
Cógele la mano a un extraño, cerrado
Sonríele, así te diga: ¡Qué raro!
Por eso, tienes que salir de su estado,
Para saludar sin pensar en el cómo,
Y mostrarle a los demás, su propio oro.

Lo más importante: ¡No al psicólogo!
Como las hojas se caen en el otoño,
Tenemos que caer para podernos ver,

Para que alma entre y nos haga ser,
Para resistir a las ciudades también.
Llenas de robots, sin sueños, ni contentos
Van al psicólogo, no están satisfechos
"Sigo mi rutina hoy, voy solo al doctor"
"Por qué me siento sólo?" Enfermo, y lloro
Ahí es cuando las lágrimas crean coro

"Soy adulto y pretendo que soy seguro"
"No busco más amigos, ya tengo a los míos"
"Si me siento solo, voy al psicólogo"
¿Sonreírle a un extraño" Vos estás loco
Ah, pero después de tantas citas con él,
Pregunto si ha llegado el momento de ser,
Las pastillas no me sirven, ni de atrás,
Por eso ¡Vamos mi vienés! ¡ No te dejés!
Hagamos de la ciudad, un lugar de a pie,
Vamos de cero, ¡Borrón al internet!

Caminemos juntos, músicos, doctores
¡Vamos! Abogados y trabajadores,
Alcaldes, señores, viejitos, jóvenes,
Con guerreros, cocineros y tenderos
¡Resistan! ¡Resistan! Todos los anteriores
¿Es que acaso nos vamos a dejar? ¿Verdad?
Boten el celular, extiendan su bondad
Salgan de la cuidad, no miren atrás
Construyan en el grupo, la nueva verdad
Y vuelvan a ser, ¡¡¡Tómense el suelo Vienés!!!

An untouchable lightness appears through the window - Spanish

Una levedad se asoma por la ventana
De forma agraciada se acerca cual montaña
Veo tu sonrisa, pero dolorosamente
Me acecha nuevamente el placer de quererte
Lejana, distante, más también colindante
La cordillera permite el río que bate

Despierto en las noches impregnado de brasas
Ya no estás, pero con las nubes te traigo más
Aúlla fuertemente, tiembla incandescente
La esperanza mantiene, la espera desvanece
Continúa el sueño, y su contraparte
No lo sabe, pero quiere luchar, desearte

Recorremos la luz, enchufados temblando
Escuchamos melodía, cantamos bailando
Sumergimos mentes, encontramos el puente
Trista pena corriente, se libera el ente
Ansío el lecho, brilla tu sombra en mi cuerpo
Apoyo cemento, furor de tu incienso.

Y te alimento, aún cuando no te siento
Porque si te dejo, entiendo que me pierdo
Difícil de conocer, reluce en tu ser
Pétalo de oro, capas de miel y café
Se clavan tus capas y gritan "me liberé"
Sorprendes con faro de lluvia, todos a correr

Aire familiar y sentido maternal, nos invaden ya
Es el portal visceral, lo reconstruimos viendo el mar
¿Será el primer horizonte que ve? ¿Cuántos habrá más allá?
¿Será una ilusión solar? ¿Podremos volar y también amar?

Medio medio y grosera, pero así funciona su mente
Medio medio y grosero, pero así vive él, con su ego
Cuando ambos dejan el espejo, se transmuta el miedo
Ora son uno, corazón de fuego, ¡Eternamente ellos!

www.ingramcontent.com/pod-product-compliance
Lightning Source LLC
Chambersburg PA
CBHW071416160426
43195CB00013B/1709